Kishori Aird

ESSENCE

NOUS AVONS TOUS UN TAUX VIBRATOIRE UNIQUE ET ESSENTIEL.

À QUELLE FRÉQUENCE VIBREZ-VOUS?

ÉDITEUR : Copyright – © Institut Kishori, Inc.
Casier postal 252
Magog (Québec)
JIX 3W8
Téléphone : (819) 868-1284, télécopieur : (819) 868-9007
Site Internet : www.kishori.org
Courriel : kishori@kishori.org

Révision : Louise Drolet
Relecture : Françoise McNeil
Mise en page
et illustration : Devin Young

Première impression : septembre 2005

ISBN 2-9807441-4-X
Dépôt légal – Bibliothèque nationale du Québec, 2005
Dépôt légal – Bibliothèque nationale du Canada, 2005

DIFFUSION
Raffin : Canada
Lux Diffusion : France et Belgique
Transat Diffusion : Suisse

Autre diffusion : Bruno Simard (819) 868-0595

Imprimé au Canada

TABLE DES MATIÈRES

PARTIE III. L'ESSENCE

PARTIE IV. LE PROCESSUS DE L'ASCENSION

AVANT-PROPOS

Le présent ouvrage complète une série qui a commencé avec *L'ADN Démystifié* auquel s'est ajouté *L'ADN et le Choix Quantique*. La lecture des tomes précédents n'est pas un préalable à la lecture du présent volume. Après avoir écrit les protocoles de reprogrammation génétique présentés dans les deux premiers tomes, j'ai constaté qu'il s'en dégageait une philosophie et une direction métaphysiques. Dans ce tome-ci, je prendrai le temps de revoir les concepts définis dans les tomes précédents et je développerai des thèmes inhérents à la pensée quantique, à la notion du point zéro et au pouvoir des intentions conscientes. J'ai voulu reprendre ces thèmes et les élaborer sans en faire un manuel d'instructions comme les précédents tomes. Cependant, je me suis laissée emporter et j'ai dressé des listes de questions appropriées dès la deuxième étape. Je vous invite à lire ces questions, à y réfléchir et à y répondre à votre manière. Au début de chacun des exercices, je suggère diverses manières de procéder : *Après avoir répondu aux questions ci-dessous et établi votre profil individuel,vous aurez le choix entre divers outils comme la prière,la méditation ou la reprogrammation de l 'ADN pour remettre la situation au point zéro.*

J'aurais pu mettre ces questions sous forme de texte et sauter l'étape formative. Mais chassez le naturel et il revient au galop. N'hésitez pas à apprêter ces exercices comme bon vous semble. Chez certaines personnes, la lecture des protocoles ou des exercices déclenche automatiquement un processus indépendant de leur pensée rationnelle. D'autres, par contre, prennent plaisir à suivre les instructions à la lettre. Dans l'univers quantique, qui est celui de la coexistence, tous les chemins mènent à Rome.

INTRODUCTION

Dans *L'ADN Démystifié*, j'ai élaboré un mode de pensée qui nous permet de comprendre comment reprogrammer nos hélices grâce à des intentions conscientes émises au point zéro. J'ai d'abord défini le pouvoir de l'intention, qui englobe les deux pôles de notre pensée. En effet, en formulant une intention comportant à la fois un pôle positif et un pôle négatif, nous créons un équilibre qui rend nos commandes plus magnétiques. Cette approche, qui s'inscrit en dehors de la dualité et englobe nos émotions tant négatives que positives, garantit l'efficacité de nos intentions. En acceptant à la fois notre côté sombre et notre côté lumineux, nous atteignons le point zéro, ce qui nous permet de modifier la structure de notre ADN grâce au pouvoir de l'intention au point zéro.

Le point zéro est un espace situé au-delà des polarités positive et négative. Dans cet espace, le bien et le mal, la lumière et la noirceur, le bon et le mauvais, ainsi que toutes les autres manifestations de la dualité, coexistent en un point d'équilibre. Le point zéro n'est pas un état neutre ni statique. Il est multidimensionnel, en mouvement continu; c'est le point central d'un espace en perpétuel changement. Si le point zéro est constamment en mouvement, c'est que la force positive de la lumière et la force négative de la noirceur y cohabitent sans s'annuler, malgré leurs polarités opposées.

Le concept du point zéro et celui de la charge magnétique négative de nos émotions ont jeté les bases d'un nouveau paradigme. L'intégration des charges négatives est un processus puissant. Imaginez l'intensité de la charge de la colère accumulée depuis des années face à un parent violent. Si nous pouvions mesurer l'intensité énergétique de cette colère, nous obtiendrions une force magnétique impressionnante. Une fois cette charge intégrée, elle devient un pôle négatif formidable auquel nous pouvons agencer un pôle positif équivalent sans avoir besoin d'éprouver de la colère. Dorénavant, les agencements de ce type constitueront notre pouvoir de manifestation.

En vertu du concept du point zéro, nous utilisons la charge magnétique d'une émotion négative comme l'un des pôles d'un aimant. Sa coexistence avec une charge positive génère alors un champ magnétique. Or, pour pouvoir manifester nos désirs sur Terre, nous devons associer nos commandes à un champ magnétique. Par exemple, si nous craignons d'être victimes d'une attaque terroriste en voyage, nous pouvons commander que notre voyage se déroule en toute sécurité; lorsqu'une commande positive est équilibrée par une charge négative, elle a une plus grande portée.

Pour faire suite à la théorie du point zéro, j'ai abordé, dans *L'ADN et le Choix Quantique,* la théorie de la coexistence de réalités quantiques. Cette théorie nous oblige à délaisser le mode de pensée binaire « à deux hélices » pour adopter un mode de pensée circulaire, au point zéro, « à treize hélices ». J'ai aussi conçu des protocoles relatifs à la transmutation, l'ascension, la multidimensionnalité et l'amour de soi.

L'objectif du présent ouvrage est d'engager le lecteur à explorer un nouveau paradigme en dehors de la dualité et à créer un état d'être qui se situe au-delà des limites engendrées par ses expériences passées. Contrairement aux ouvrages sur la croissance et l'estime de soi, nous adopterons un mode de pensée circulaire qui n'est pas affecté par nos programmes inconscients et nous explorerons l'art de maintenir un taux vibratoire en harmonie avec la fréquence de notre essence individuelle.

Pour mettre fin à notre ancienne façon de juger la réalité, il est évident que nous devrons renoncer à notre ancien modèle de performance et de perfectionnement de soi. Nous explorerons l'acceptation au point zéro. Mon objectif ici est de démontrer que nous pouvons mettre à contribution toutes les parties de nous-mêmes et les faire coexister. Nous n'avons plus besoin de nous débarrasser de nos croyances désuètes ni de rechercher la perfection et l'équilibre.

Si nous apprenons à opérer de nouveaux choix en mettant à profit l'énergie de nos forces et de nos faiblesses, nous mettrons fin au sentiment d'impuissance qui accable notre société à l'heure actuelle. Ce nouveau paradigme représente peut-être notre dernière chance de changer le cours de l'histoire ! Grâce à lui, nous accéderons à un nouveau stade d'évolution dans lequel nous cesserons de viser une réussite sociale ou professionnelle pour chercher plutôt à maintenir la fréquence de notre individualité.

Ouvrons-nous aux idées neuves et audacieuses des chapitres suivants afin de comprendre la nouvelle philosophie scientifique, émotionnelle et spirituelle du point zéro ! Tout ce qui compte à présent, c'est de devenir entièrement nous-mêmes et de faire vibrer la totalité de ce que nous sommes à la fréquence unique de notre essence profonde.

Bien que le mot **essence** soit lourd de sens, nous serions bien en peine de le définir. Nous savons que l'essence existe car nous la voyons quitter le corps au moment de la mort. Nous savons qu'il y a une énergie vitale qui nous maintient en vie, mais nous ne sommes pas en relation avec elle. Nous pourrions penser que l'essence correspond à notre personnalité ou à notre manière d'être. Mais, en fait, l'essence est une fréquence vibratoire dotée d'une tonalité, d'un rythme ondulatoire et d'une onde lumineuse qui porte notre signature personnelle. Ce n'est pas seulement un état, c'est une fréquence vibratoire qui pulse à l'intérieur de soi. Plus j'expérimente cette longueur d'onde et plus je me définis comme la gardienne de cette fréquence. Au lieu de me présenter en société en indiquant mes antécédents scolaires, les noms de mes enfants et mes accomplissements, je veux pouvoir me présenter comme une personne qui maintient son taux vibratoire essentiel.

En m'identifiant à un taux vibrationnel spécifique à mon essence, j'accrois automatiquement le sentiment de l'amour de soi. C'est l'union de ces deux expériences qui sauront ouvrir le chemin de l'ascension.

Partie I
Le déroulement d'un projet de vie

Peu importe le projet dans lequel nous sommes impliqués, nous devons tenir compte de nos besoins car, si nous les nions, ils exerceront une influence déterminante sur notre vie. Je suis de plus en plus convaincue que la vie suit des étapes qui sont plus ou moins les mêmes pour tous les humains quel que soit leur âge. Certes, les circonstances de la vie sont différentes pour chacun. À 28 ans, une personne peut vivre en couple et élever de jeunes enfants ou encore poursuivre une carrière florissante tandis que, vingt ans plus tard, elle se trouvera en plein virage professionnel ou en train de refaire sa vie dans un endroit nouveau. Peu importe le scénario, la trame de fond reste la même.

Nous sommes gouvernés par des **programmes par défaut**, ou programmes inconscients, qu'il faut à tout prix **mettre au point zéro**. Comme nous avons tendance à faire des projections, il importe que nous établissions des **frontières** saines. Si nous nous préoccupons seulement de la forme future de notre projet sans clarifier nos **intentions** initiales, nous avons de fortes chances d'échouer. Pour atteindre nos objectifs, nous devrons nous **accompagner** dans nos moments de doute, cesser de nous critiquer et éviter le piège de l'hyper**performance**. Or cela n'est possible que si nous apprenons à nous connaître.

Après mûre réflexion, j'ai compris que nos préférences et nos besoins étaient des indices de choix pour mieux se connaître. C'est pourquoi nous adopterons un mode de pensée - quantique - dans lequel nos faiblesses coexistent avec nos forces et nos côtés lumineux avec nos côtés sombres, un mode de pensée qui tient compte de nos besoins individuels. C'est ainsi que nous imprimerons un mouvement dynamique à notre vie au lieu de reproduire constamment des scénarios improductifs.

CHAPITRE 1
LE NOUVEAU MODÈLE DE L'ADN ET L'INFLUENCE DE L'ENVIRONNEMENT

L'ADN ET LE POINT ZÉRO

Nous nous trouvons actuellement à la charnière de deux époques : d'un côté, nous sommes désespérés par la violence et les cataclysmes écologiques qui se propagent sur notre planète et, de l'autre, nous sommes stimulés par les innovations incessantes et les nouveaux modèles biologiques et physiques. Il est étonnant de constater à quel point les structures anciennes peuvent être malléables pendant les périodes de turbulence. Notre pensée collective devient alors perméable à des concepts tout à fait inusités.

Nous vivons une époque qui donne à penser que même la « vérité » peut être redéfinie. Toutes les branches de la science nous l'apprennent et, au premier chef, la physique quantique, qui dit que la matière que l'on croyait solide ne l'est pas et que la réalité concrète est déterminée par nos pensées.

Après la théorie des supercordes, qui redéfinit la nature de la matière en fonction de son taux vibratoire, voilà que la génétique modifie à son tour son paradigme de base. En effet, cinquante ans après sa découverte, l'ADN nous apparaît maintenant comme un réseau de réactions dynamiques séquentielles, animées et influencées par l'environnement.

L'article « Sur la piste du code secret de l'ADN », paru dans la revue *Science et Vie* de décembre 2004, remet en question tous nos a priori sur le sujet. L'auteur déclare que « le cadre théorique qui permettait jusqu'ici de peser le vivant ne tient plus. » (p. 52) Dans le modèle standard, chaque molécule d'ADN correspond à une molécule d'ARN spécifique qui produit une protéine spécifique. Or, les scientifiques ont découvert que le modèle actuel ressemblerait plutôt à celui de la physique quantique. Une même molécule d'ARN peut produire différentes protéines; les parties de l'ADN superflu qui ne comportent pas de gènes ou ne sont pas codées et qu'on appelle aussi « ADN poubelle », joueraient un rôle dans l'équation. Mais le plus intéressant, c'est que les gènes peuvent s'influencer mutuellement et fonctionnent en réseau. Dans ce nouveau modèle biologique, l'origine de la réponse génétique résultant d'un signal donné par l'environnement cellulaire, n'est pas à sens unique. « L'expérience montre que l'ARN comme les protéines ont parfois une action directe sur le génome. Parfois même sur le gène qui les a produits. » (p. 55) Dans l'ancien modèle ADN-ARN-protéine à fonction spécifique, les éléments situés à l'extrémité de la chaîne peuvent aussi commander à l'ADN.

Qu'est-ce qui régit ce processus ? Après quinze ans de recherches sur le génome humain, la science commence à concevoir que notre code génétique n'est pas une structure figée. En fait, la dynamique du vivant est interrelationnelle. Un gène X activé assez longuement pourra déclencher un gène Y, et cette activation de XY entraînera l'activation de Z. L'enchevêtrement des réactions du système génétique brise le concept d'ordre établi par Watson et Crick en 1953. La matière n'est pas figée et les découvertes en biologie continuent de corroborer ce schéma. « Ce pourrait bien-être un principe de désordre qui régit le déploiement de la vie, entre la microstructure ordonnée des gènes sur l'ADN et la macrostructure ordonnée des organismes vivants. Et ce ne sont pas sur quelques milliers de gènes mais sur les milliards de milliards d'interactions moléculaires… » (*Science et Vie*, déc. 2004, p. 66)

Il devient de plus en plus clair que la solution à ce désordre réside dans l'association de différentes disciplines. Les modèles chaotiques de la physique quantique pourraient mettre en lumière ce qui régit le comportement génétique. Ce qui me fascine le plus dans ce nouveau schéma, c'est le concept du réseau et de l'interaction des composantes au sein de ce réseau. Plus j'évolue, plus de perçois la réalité comme un réseau de mailles qui peuvent interagir ou non en fonction d'un taux vibratoire précis. À l'instar de la physique quantique qui, grâce à la loi des supercordes, a démontré que la matière ne se définit plus en fonction de ses composantes chimiques, mais plutôt en fonction de la fréquence et de l'intensité du taux vibratoire de ses éléments, je perçois l'existence en fonction du taux vibratoire d'un réseau de probabilités qui interagissent et s'entrecroisent. Les fréquences des uns et des autres se repoussent et s'attirent, et nous vibrons simultanément dans un réseau qui se modifie continuellement au gré des fréquences émises.

Au cours de mes quelque trente années de pratique spirituelle, j'ai senti un changement de fréquence s'opérer sur la planète. J'ai la conviction que l'heure est enfin venue de transformer les vieux paradigmes sur lesquels se fondent nos programmes génétiques humains. Je suis persuadée que nous vivons à une époque où nous devons nous réapproprier l'héritage collectif qui réside au coeur de chacune des cellules de notre corps, et tout indique que les circonstances planétaires actuelles sont propices à cela.

Notre changement de fréquence actuel se traduit par un changement d'amplitude vibratoire. Cette amplitude affecte la loi de causalité, que ce soit du côté de l'ombre ou de la lumière. D'une part, à l'heure actuelle, nous assistons à une amplification de la violence et des conflits mondiaux. D'autre part, nous observons que nos intentions, lorsque nous les émettons clairement, ont des répercussions presque instantanées sur tout un réseau.

Nous sommes comme les pionniers qui ont colonisé l'Amérique. Lassés de laisser les autorités gouvernementales leur dicter leur conduite, ils ont eu le courage de réinventer le monde et de se réinventer eux-mêmes. Nous ne devons pas perdre notre désir de modifier, d'améliorer ou de redéfinir nos programmes. Après quinze ans de recherche en génétique, la science elle-même perd ses repères. Les biologistes se familiarisent avec de nouveaux modèles dynamiques. « Les biologistes commencent à croire que l'ADN révélera ses secrets dans une description dynamique de son expression plutôt que dans une appréhension statique de sa structure. » (*Science et Vie*, déc. 2004, p. 65)

Comment pouvons-nous concevoir un modèle dynamique ? Le fondement du dynamisme est le mouvement. Il faut innover pour y accéder. Mettons de côté nos carcans culturels ou scientifiques pour nous ouvrir aux nouvelles découvertes. Qui aurait cru que les gènes pouvaient s'influencer mutuellement et qu'un gène pouvait être « régulé par plusieurs signaux qui vont agir différemment sur son expression, en augmentant ou diminuant son activité, voire en la modifiant ? » (*Science et Vie*, déc. 2004, p. 54)

Nous savons déjà que nos attitudes influencent notre santé et notre évolution. Nous pouvons aussi changer les programmes qui nous gouvernent. Nous pouvons devenir des participants conscients, des innovateurs imaginatifs.

CHAPITRE 2
LE POINT ZÉRO

L'heure est venue de retrouver notre pouvoir et d'en finir avec la polarisation inhérente à la dualité. Cette polarisation sous-entend que, si je crée à partir de la lumière seulement, je génère forcément une force négative ailleurs. Nous sommes parvenus à l'étape de notre évolution où nous devons intégrer ces deux polarités. Pour y arriver, nous devons cesser d'avoir un parti pris pour l'une ou l'autre polarité et aller au-delà de la polarité positive (la lumière) et de la polarité négative (la noirceur). **La coexistence des polarités opposées est ce que j'appelle le point zéro.** Le point zéro est une expérience magnétique dans laquelle nous choisissons d'accueillir simultanément les aspects négatifs et positifs de nos expériences.

Pour mieux comprendre le point zéro, pensons au tai chi dans lequel tout n'est que fluidité et mouvement. Oublions pour un moment la personne qui pratique cette discipline et suivons le parcours de ses mains. Absorbons-nous dans leur danse fluide et gracieuse. C'est ainsi que l'on peut se représenter le point zéro : comme deux polarités en mouvement qui communiquent entre elles et s'équilibrent sans qu'aucune des deux ne prédomine. Imaginons que l'une des mains décide brusquement de prendre le contrôle et s'immobilise ou décide de bouger indépendamment de sa partenaire. Finie la fluidité, envolée la grâce. Le mouvement sera automatiquement déséquilibré et il finira par se figer. C'est cela être polarisé : la main qui prend le contrôle, telle une polarité prédominante, interrompt la chorégraphie et le courant ne sera rétabli que lorsque les deux mains seront de nouveau en interaction.

Nous connaissons tous des moments où nous sommes figés. Cela est dû à un programme inconscient et peut survenir dans de multiples situations. Ainsi, lorsque le processus que nous traversons est polarisé par la honte ou la peur, nous devenons paralysés, et la seule façon de nous remettre en mouvement est d'unir la honte ou la peur avec sa polarité opposée, la confiance en soi, par exemple. Même si nous vivons dans un monde polarisé, nous pouvons rester fluides grâce à la coexistence au point zéro. Nous pouvons unifier nos intentions et nos commandes et vivre dans l'état d'amour au point zéro.

L'état d'amour se situe au-delà des polarités positive et négative. Dans cet état, le bien et le mal, la lumière et la noirceur, le bon et le mauvais et toutes les autres manifestations de la dualité, coexistent en un point d'équilibre appelé le point zéro. Le point zéro n'est pas un état neutre. Le point zéro n'est pas statique. Il est multidimensionnel, en mouvement continu et il se maintient au centre d'un espace qui change continuellement. Si le point zéro est constamment en mouvement, c'est que la force positive de la lumière et la force négative de la noirceur y cohabitent sans s'annuler malgré leurs polarités opposées.

En équilibrant les deux polarités en nous, nous pouvons choisir de vivre dans la compassion et l'amour. Si nous parvenons à intégrer les charges positive et négative de notre vécu, nous nous créerons inévitablement une vie équilibrée et harmonieuse. Parce que nous avons déjà maintes fois expérimenté le déséquilibre des polarités, je crois que nous sommes prêts, désormais, à intégrer celles-ci et à créer une nouvelle réalité fondée sur l'état d'amour au point zéro plutôt que sur l'énergie des polarités positives ou négatives.

En dehors de l'état d'amour au point zéro, nous sommes polarisés, que ce soit dans le bien ou le mal, dans la lumière ou la noirceur, etc. Or, que se passe-t-il lorsque nous accomplissons une tâche, un projet ou une activité dans cet état ? Nous créons en même temps son opposé. Bien sûr, nos actions polarisées peuvent nous conduire au résultat souhaité. Mais en y regardant de plus près, nous verrons que notre projet a exigé plus de temps, d'énergie et de stress que nécessaire. Il est possible aussi que le résultat final, bien que convenable, ne soit pas approprié à notre situation personnelle. Mais parce que ce projet est polarisé, et donc soumis à la loi de la rétroaction, il créera automatiquement sa contrepartie ou manifestation contraire au niveau énergétique.

Le seul moyen de sortir de ce cercle infernal consiste à accueillir les charges négatives, à les utiliser et à les intégrer pour qu'elles deviennent comme les pôles d'un aimant qui attirera dans notre vie tout ce dont nous avons besoin. Il est difficile de maintenir une charge positive très forte quand la charge négative est faible. Et plus difficile encore de manifester solidement de nouvelles réalités si la force magnétique est insuffisante pour qu'elles « collent » à notre vie comme des aimants sur la porte du réfrigérateur.

L'intégration des charges négatives est un processus puissant. Imaginez l'intensité de la charge de la colère accumulée depuis de nombreuses années face à un parent abusif. Si nous pouvions mesurer l'ampleur énergétique de cette colère, nous serions impressionnés par sa force magnétique. Une fois cette charge intégrée dans l'ADN, elle devient un pôle négatif formidable avec lequel nous pouvons agencer un pôle positif équivalent sans avoir besoin de la colère. C'est ce type d'agencement qui constituera dorénavant notre pouvoir de manifestation.

Pour mieux visualiser le point zéro, imaginez un ballon d'anniversaire rempli d'eau, flottant au milieu de l'océan, ballotté au gré des variations climatiques et des vagues. Le point zéro se situe au milieu de ce ballon. Un point constamment en équilibre, au centre du ballon, malgré les turbulences extérieures.

On peut aussi voir le point zéro comme un point fictif au milieu d'une ligne droite comportant une polarité négative à une extrémité et une polarité positive à l'autre. Cependant, je préfère utiliser l'image d'une sphère. Au point zéro, la force positive s'avère optimale en raison de son potentiel mis en action par la présence de la force négative correspondante, les deux étant maintenues dans un équilibre parfait. Nous allons donc imaginer que deux forces opposées peuvent coexister dans le même espace sans s'unifier, comme les deux pôles d'un aimant.

Maintenant que nous utiliserons la charge magnétique d'une émotion autrefois troublante et débilitante pour créer ce que nous voulons au point zéro, nous ne verrons plus la charge négative comme une chose à combattre mais bien comme une force créative. Voici un exemple de formulation pour une intention : « *Je choisis* de m'amuser, *même si* je suis fatiguée ». Pour renforcer l'idée que l'on englobe toutes nos émotions dans notre intention, on peut parfois remplacer la formule « *Je choisis... même si ...* » par « *Je choisis...* tout en (m'amusant, ayant peur, doutant de moi, ayant des hésitations, etc.). Peu importe la formule, l'important est de créer en incluant toutes ses émotions. Ce faisant, nous sentirons une nouvelle énergie circuler et vibrer à l'intérieur de nous. Nous éprouverons un sentiment de puissance et nous réglerons nos conflits très rapidement puisque nous en tirerons parti au lieu de les éviter.

On entend souvent dire qu'il faut dominer sa peur parce que le simple fait d'y penser accentue son pouvoir sur nous. On dit aussi que la peur est tellement puissante qu'elle peut concrétiser cela même qui nous effraie. Or c'est précisément ce pouvoir que nous voulons exploiter au point zéro. En permettant à nos peurs de coexister avec nos espoirs et nos projets au point zéro, nous canalisons cette puissance. À travers nos intentions, nous orienterons le pouvoir de la peur de manière à répondre à nos besoins.

Au lieu d'avoir peur de la déception qui peut suivre un moment de bonheur, nous reconnaîtrons et accueillerons ce sentiment. Ainsi, nous ferons en sorte qu'il serve nos intérêts au lieu de nous nuire. Prenons l'exemple d'un rassemblement comme un congrès ou un sommet d'État. Avez-vous remarqué que, même si elles font tout pour repousser les altermondialistes, les multinationales ne réussissent pas à les faire disparaître ? Le fait de repousser une énergie qui nous fait peur ou nous dérange ne la fait pas disparaître pour autant.

Un jour, une de mes clientes s'est exclamée : « Chaque fois que j'appelle la lumière et que je vis une expérience extraordinaire, je subis un contrecoup négatif par après ! » C'était aussi mon expérience. Après chaque voyage extraordinaire, je me heurtais à d'énormes difficultés. Chaque expérience spirituelle hors du commun était suivie d'une période d'intégration (au cours de laquelle j'étais soumise à des « épreuves », comme l'obligation de me désintoxiquer ou autre chose du même genre). Comme s'il fallait toujours payer un prix pour nos expériences heureuses. Maintenant que j'inclus ma déception dans ces expériences, je ne vis plus de contrecoup négatif. L'effet rebond des régimes amaigrissants constitue un autre exemple de ce phénomène. Au début, la personne se prive pour être plus mince et mieux dans sa peau ou pour clarifier sa conscience. Quelques mois plus tard, elle reprend du poids malgré elle. Les diètes sont un parfait exemple de ce phénomène de polarisation qui finit par engendrer une stagnation et de la frustration au lieu du dynamisme escompté.

Il faut bien comprendre que se mettre au point zéro ne veut pas dire laisser tomber des choses. Il s'agit au contraire de maintenir deux polarités différentes dans le même espace. Nous n'avons pas besoin de tenir nos faiblesses à bout de bras comme si nous en avions peur. C'est justement cela l'erreur ! Il faut leur permettre d'exister en même temps que nos bons côtés. Prenons le cas d'une cliente qui se tourmentait à l'idée de rencontrer son ex-conjoint au tribunal pour le jugement de divorce. Elle s'était bien préparée et avait en main tous les documents nécessaires. Elle avait élaboré des arguments solides et s'apprêtait à les présenter la tête haute. Or, cette image parfaite d'elle-même niait la peur, la colère et les blessures qu'elle avait ressenties auparavant. Ainsi polarisée, son attitude présentait une faille importante que son adversaire aurait tout le loisir d'attaquer. À sa sortie du palais de justice, ma cliente était anéantie et elle ne comprenait pas pourquoi. Reprenons cet exemple et imaginons que ma cliente se présente au tribunal, bien préparée et fière d'elle-même, mais au point zéro cette fois-ci. Aucune partie d'elle n'a été mise de côté, aucun aspect qui ne soit incorporé dans son cercle de force, ou qui tiraille d'un côté ou de l'autre. Ma cliente est centrée avec des frontières saines. Ses parties positives et négatives coexistent en un tout circulaire. Elle est animée d'une intention claire au point zéro et se présente devant son adversaire sans faille et en faisant coexister sa certitude de gagner et sa crainte d'échouer. Il est clair que le résultat de sa rencontre sera très différent.

Une autre erreur courante consiste à croire qu'être dans l'état d'amour au point zéro signifie ne pas avoir de limites et être au service de tout le monde. Une personne m'expliquait à quel point il était important pour elle de se dévouer pour une cause et de rendre service. Cependant, elle était frustrée de se sentir fréquemment trompée par ceux-là mêmes qu'elle tentait d'aider. Je lui ai répondu que cela résultait du fait que son dévouement n'était pas au point zéro. Il importe que nous soyons au point zéro dans chacune de nos décisions. Si, un jour, être au point zéro signifie se consacrer à autrui et bien soit. Le lendemain, le point zéro pourrait se trouver ailleurs puisqu'il est mouvant. Notre intention est de vivre au point zéro et non d'aider ou de ne pas aider quelqu'un.

Prenons maintenant l'exemple d'une femme dont la mère a déménagé à plusieurs reprises et connu de nombreux bouleversements quand elle était enceinte d'elle. Maintenant qu'elle est adulte, la vie de cette femme est très souvent chaotique et désordonnée. Elle se sent souvent confuse et perdue. Chaque fois qu'elle se trouve dans cet état, son ancienne blessure est réactivée. C'est à ce moment-là qu'elle peut choisir de faire coexister le chaos avec la sérénité. Elle peut maintenir ces deux opposés en présence par l'intention et expérimenter l'équilibre du point zéro sans avoir à modifier ni à effacer son passé. Être au point zéro sous-entend que nous comprenons nos limites humaines et les accueillons avec amour. L'union de la lumière et de la noirceur peut produire un résultat extraordinaire et puissant, mais qui sera aussi confortable et toléré, car cette union est appropriée et génère de l'amour.

J'ai entendu maintes histoires étonnantes à propos du point zéro. En voici une qui m'a été envoyée par une lectrice :

Je lisais L'ADN Démystifié en attendant, au bout du fil, que la postière me renseigne à propos d'un colis pour lequel je devais payer 45 $ même si je décidais de *le renvoyer à son expéditeur. La postière m'affirme qu'elle ne peut rien faire, qu'il y a de nouveaux règlements, etc. Avec un calme imperturbable, je lui dis que je n'accepte pas cette réponse. Elle transfère alors mon appel à sa supérieure. Je choisis de mettre la situation au point zéro tout en accueillant mes doutes. Au début, la supérieure accepte de me rembourser les 45 $. Tout en parlant, nous constatons que je devrai payer 45 $ pour obtenir mon colis et 45 $ de plus pour le renvoyer. La femme décide donc de me poster un chèque de 90 $! Cette histoire de point zéro fonctionne vraiment !*

Morele D.

Mes clients qui ont travaillé avec le point zéro parlent fréquemment d'un état d'aisance et de bien-être qui demande très peu d'effort. Plus nous choisissons d'être au point zéro, plus nous vivrons des expériences et des états émotifs nouveaux. Cette nouvelle forme de pensée engendre une grande liberté et un profond sentiment d'amour. La palette de couleurs des expériences au point zéro est tellement plus variée que le noir, le blanc et le gris auxquels nous sommes habitués ! Elle nous donne accès à de nouvelles réalisations et de nouvelles données.

Vous aussi, vous éprouverez un sentiment de plénitude quand vous vous permettrez de sentir à la fois de l'irritation et du plaisir sans pour autant que ces deux expériences fusionnent. Ce concept inédit vous donnera peut-être du fil à retordre au début, car c'est comme si vous teniez une charge positive dans une main et une charge négative dans l'autre, et que ces deux charges se repoussaient l'une l'autre à l'intérieur de vous. La clé consiste à voir cette expérience comme une expérience de laboratoire et à observer ce qui se passe **quand vous choisissez intentionnellement d'être au point zéro.** Tout à coup, la tension se dissout et une énergie inusitée mais harmonieuse jaillit en vous. Vous permettez simplement à vos deux émotions de coexister dans le même espace comme le font les deux pôles d'un aimant pour créer un champ magnétique. Vous ressentirez ce champ. Commandez le point zéro et attendez. Le champ créé par la coexistence de deux forces opposées est la **vibration** du point zéro.

À titre d'essai, prenons une de nos peurs, comme celle de ne jamais nous sentir en sécurité parce que nous pensons ne pas y avoir droit. Permettons-nous de ressentir cette peur *tout* en résistant à la tentation de la refouler. Dans cet espace exigu, nous pouvons faire vibrer simultanément un sentiment d'expansion et un sentiment de sécurité. Nous pouvons faire vibrer la noirceur dans la lumière et la lumière dans la noirceur. Maintenons la tension de ces forces contraires jusqu'à ce que nous sentions que nos limites se sont dissoutes et que nous éprouvions un bien-être plus grand que si nous étions polarisés.

Comment atteindre le point zéro ou s'en rapprocher de façon régulière et constante ? En utilisant le pouvoir de l'intention. Par exemple, chaque matin au réveil, vous pourriez formuler l'intention suivante : « Aujourd'hui, *je choisis* d'être au point zéro *même si* je ne sais pas comment faire ». Vous pouvez aussi vous exercer à mettre tous les incidents de votre quotidien au point zéro. Le garagiste vous énerve ? Changez votre fréquence en disant intérieurement : « *Je choisis* de vibrer à une autre fréquence *tout en* étant frustrée par l'attitude du garagiste. » Vous attendez en file au magasin et commencez à péter les plombs ? Dites : « *Je choisis* de mettre cette expérience au point zéro *tout en* étant irrité par la lenteur de la caissière. »

En utilisant ainsi les petits événements du quotidien, vous accumulerez des expériences au point zéro. Une fois que vous en aurez amassé suffisamment, vous découvrirez une nouvelle façon de vivre et, au lieu d'être gouverné par vos vieux programmes, vous commencerez à vivre des expériences originales.

Chapitre 3
Le choix d'une réalité possible

Nous avons beaucoup plus de pouvoir que nous le pensons. Vous avez sûrement remarqué que certaines personnes semblent avoir plus de facilité que d'autres à concrétiser leurs désirs. Quand elles décident d'obtenir quelque chose ou d'accomplir un nouveau projet, elles ne butent pas sur des obstacles interminables et n'essuient pas refus sur refus. Leurs actions entraînent des résultats rapides et aisés. Mais, soyez rassurés, nul besoin d'être un héros pour faire de même. Ces personnes utilisent efficacement et à leur insu le pouvoir de l'intention.

L'intention dirige la réalité en lui imprimant une vibration particulière. Une situation stagnante ou un projet qui tarde à se réaliser n'est pas sur la bonne voie quantique. Grâce au pouvoir de l'intention, nous pouvons le réorienter vers une voie en harmonie avec le taux vibratoire de notre essence et ainsi le remettre en mouvement et lui imprimer l'élan nécessaire.

Selon les principes de la mécanique quantique, chaque fait observé a d'abord fait partie d'une série de choix possibles. C'est à la suite d'un choix de l'observateur qu'une de ces possibilités s'est réalisée. Toutes les autres possibilités qui n'ont pas été choisies continuent d'exister dans d'autres univers parallèles. Une fois la décision prise, nous entrons dans une séquence infinie de causes et d'effets. Chacune des possibilités latentes possède un taux vibratoire spécificique.

Dans le monde de l'infiniment petit, le physicien évaluera les probabilités d'action d'une particule au moyen de calculs fort complexes. En fait, il déterminera ses champs d'action en comparant ses comportements précédents et décidera ainsi du comportement le plus probable. Cette décision modifiera la nature de la particule à l'instant même. Les personnes dont les intentions sont percutantes ont d'emblée une vision très claire de ce qu'elles veulent et de ce qu'elles sont. **Leur vision est alignée sur le taux vibratoire de leur essence.** Nous explorerons ici certaines techniques qui nous permettront de clarifier ce que nous voulons vraiment. Ces personnes sont capables d'attirer à elles ce qu'elles souhaitent. Cela s'explique par le fait qu'elles sont **magnétiques.**

Prenons l'exemple de Luce, agente de bord. De nombreux membres d'équipage n'obtiennent jamais les horaires et les destinations qu'elles veulent, contrairement à certaines de leurs consœurs. Luce a décidé qu'elle voulait travailler sur les vols transatlantiques. Elle va donc voir son supérieur pour demander à être affectée sur les vols transatlantiques. Elle se prépare à l'entrevue, construit mentalement divers scénarios. Finalement, son supérieur l'avise que son nom a été placé sur une liste d'attente car la compagnie a effectué un grand nombre de coupures. Luce devra donc prendre son mal en patience.

Un mois plus tard, cependant, une de ses collègues fait la même demande et est mutée dans la semaine qui suit. Que s'est-il passé ? Sa collègue possède, sans doute inconsciemment, un secret que nous allons décoder ici et qui a trait au pouvoir magnétique des intentions conscientes

L'INTENTION MAGNÉTIQUE

La première chose à faire pour comprendre comment utiliser l'intention, c'est de sortir de la pensée magique et de nos vieux programmes pour nous placer dans la position du programmeur. De là, nous utiliserons nos doutes et nos faiblesses comme le pôle négatif d'un aimant et nos nouveaux choix comme pôle positif afin de devenir magnétiques et de commander l'actualisation de nouvelles possibilités.

Dans ce contexte-ci, l'intention est une commande émise à voix haute qui concerne l'état auquel nous aspirons. Émettre une intention constitue un acte **responsabilisant** qui redonne à l'individu le contrôle sur sa vie. L'intention est donc une phrase (une commande) qui décrit le nouveau programme à installer en nous ainsi que sa contrepartie négative inconsciente qui pourrait s'activer **par défaut.**

Pour créer une intention magnétique efficace, il faut d'abord identifier notre souffrance ou notre faiblesse, c'est-à-dire l'état dans lequel nous avons le plus tendance à activer nos anciens programmes. Ensuite, nous devons inclure cet état dans la formulation de notre intention.

Tout comme l'action d'un aimant tient à la présence de deux pôles, un positif et un négatif, nous devons, pour que nos intentions ou nos commandes soient efficaces, y intégrer deux pôles correspondant aux deux aspects de l'équation. Par exemple, dire « *Je choisis* d'obtenir un horaire et un itinéraire appropriés » devient une intention puissante seulement lorsqu'on y ajoute « *tout en* doutant que ce soit possible en raison des coupures de postes ». Intégrer ces deux pôles a pour effet de magnétiser l'intention consciente et de la rendre efficace.

Formuler une intention sur le modèle dualiste sert aussi à l'ancrer dans le quotidien. Si j'arrive à rester présente à mon inconfort sans vouloir le supprimer, mais en cherchant simplement à l'apprivoiser et à le connaître, je pourrai ensuite l'utiliser comme pôle négatif dans l'intention que je formulerai. Ce qui veut dire qu'au lieu de me sentir négative ou impuissante, je pourrai utiliser ma vulnérabilité comme le pôle négatif de mon intention; je l'intégrerai à ma commande sans la juger. En agissant ainsi, je me libère du mode de pensée polarisé et j'entre dans un processus qui n'est plus linéaire, mais **circulaire** ou global, et qui appartient à la dimension quantique.

Ce qui précède illustre bien le fait que notre **salut**, notre véritable pouvoir, passe par l'acceptation de notre humanité et non par son rejet. Nous avons tendance à magnifier notre côté divin et à nous dire « Je suis beau uniquement quand je montre mon aspect lumineux ». La vraie beauté, le vrai pouvoir, viennent de l'équilibre entre notre lumière et notre ombre, celle-ci étant notre côté plus fragile et plus vulnérable.

L'EFFET INSIDIEUX DE LA PENSÉE MAGIQUE ET DES ATTENTES

La croyance en la pensée magique est l'une des raisons pour lesquelles nous laissons nos intentions inconscientes nous mener par le bout du nez. Nous avons l'habitude de laisser passer des choses, de ne pas en faire de cas sous prétexte que le temps finira bien par tout arranger. La pensée magique, c'est croire que tout va s'arranger un jour. Que j'atteindrai mon but sans avoir à lever le petit doigt ou à me transformer. Que je gagnerai à la loterie ou que le monde va soudain découvrir que je suis une artiste de talent. Bref, c'est croire que les choses que je souhaite vont se réaliser comme par magie.

La première fois que j'ai entendu cette expression **pensée magique**, j'ai dû m'arrêter et m'observer sans jugement pour bien saisir la place qu'elle occupait dans ma vie. Et j'ai vu, fermement ancré en moi, l'espoir qu'un jour, dans un avenir hypothétique, par l'effet d'un processus alchimique quelconque, j'aurais enfin une vie parfaite. Je n'avais pas encore compris que j'allais devoir m'atteler à la tâche et rester présente à mes côtés vulnérables plutôt que de les repousser en espérant que tout allait finir par s'arranger. J'ai subi bien des déboires avant d'assumer la responsabilité de la réalité que je créais dans ma vie.

Au cours des années 1980-1990, la pensée magique a revêtu la forme d'affirmations. Nous pensions qu'il suffisait de prononcer une affirmation (« Je vais de mieux en mieux chaque jour » est la plus classique) pour que notre réalité s'y conforme et change. J'ai beaucoup utilisé les affirmations, mais j'ai dû admettre que cette technique n'avait pas d'emprise réelle sur les embûches dont mon quotidien était semé. Face aux dilemmes de la vie courante et aux contraintes de la troisième dimension, les affirmations me procuraient plus de frustration que de plaisir. Pourtant, ces affirmations sont des intentions, des commandes, n'est-ce pas ?

La pensée magique nous laisse croire que tout devrait être simple et elle engendre du découragement lorsque la réalité ne reflète pas cette croyance. Elle se cache sous cette phrase que l'on entend souvent chez les personnes qui suivent une thérapie : « Pas encore ça ! Je croyais que c'était réglé pour de bon ! »

Lorsque nous espérons voir disparaître notre inconfort « comme par magie », nous abdiquons notre rôle de programmeur, notre pouvoir sur notre réalité. Pourtant, la vie nous demande de participer à notre évolution. Elle veut que nous soyons des créateurs imaginatifs qui travaillent et co-créent au moyen **d'intentions conscientes** *tout en* accordant une juste place à nos souffrances. Et là est la clef, dans les mots « *tout en* accordant une juste place à nos souffrances ». Il m'a fallu plusieurs années pour comprendre que certains de mes programmes inconscients annulaient l'effet de mes affirmations parce que je niais ma souffrance et ma vulnérabilité parce que, en d'autres termes, je niais mon humanité, ma dualité.

Il y a une autre forme de pensée magique qui entrave notre progression au point zéro. Elle a trait à nos attentes et à nos désirs, à des suppositions, des réalités possibles qui nous font rêver. Elle prend la forme de scénarios ou d'envies forgées par des images publicitaires dans lesquelles nous sommes des stars avec des comptes en banque bien garnis et des relations romantiques qui n'exigent aucun effort. Ces désirs ne sont pas des besoins. Ce sont les aspirations d'adolescents qui refusent de grandir. Prenons l'exemple d'un de mes clients qui trouvait injuste que sa conjointe n'ait pas besoin de travailler parce qu'elle avait reçu un héritage à la suite du décès de ses parents qu'elle aimait profondément tandis que lui devait gagner son pain quotidien. Il sombrait peu à peu dans la dépression, persuadé que sa vie était un échec parce que son chemin était différent de celui de sa conjointe. Or il est impératif que cet homme sorte de sa transe et comprenne que chacun a un chemin de vie unique.

En choisissant de nous libérer de nos élucubrations fondées sur des suppositions, nous connaîtrons enfin une paix encore plus grande que celle que nous promet la pensée magique. En devenant des passionnés de la réalité au point zéro, nous vivrons avec un peu de patience de nouvelles pièces de théâtre et des émotions inédites. Nous pouvons maintenant utiliser le pouvoir caché des déceptions que nous ont causées nos suppositions irréalistes pour pouvoir maintenant commander une réalité au point zéro.

Ces suppositions nous font attendre un futur hypothétique au lieu de nous maintenir dans le présent. Ce sont des reflets d'une réalité qui ne vibre pas nécessairement à la même fréquence que nous et nous retiennent dans l'inertie.

Reconnaître la dualité d'une intention

JE CHOISIS... TOUT EN...

Grâce à la formule « Je choisis… tout en… », l'intention **colle** comme un aimant sur la porte du réfrigérateur. La première partie (celle qui suit *je choisis*) exprime le nouveau programme que nous souhaitons installer tandis que la seconde (celle qui suit *tout en*) exprime la faiblesse, le programme inconscient que nous souhaitons remplacer. En formulant vos intentions de cette manière, vous ne pouvez pas manquer de les rendre efficaces et magnétiques et vous constaterez à coup sûr leurs effets dans votre quotidien.

Inconsciemment, nous ressentons tous plus ou moins la puissance phénoménale de nos blessures. Nos peurs, si elles sont nourries, pourraient justement concrétiser ce que nous craignons le plus. En devenant conscients du potentiel créatif de nos peurs, nous pouvons en faire le moteur de nos commandes et choisir ainsi de nouvelles avenues en accord avec ce que nous sommes. Si nous ne les dirigeons pas consciemment, elles suivront tout naturellement le cours des programmes inconscients qui émanent de nos blessures les plus profondes. Désormais, nous pouvons commander que la peur coexiste avec un sentiment de sécurité. En faisant coexister ces deux émotions comme les pôles d'un aimant, nous leur donnons une ampleur équivalente. Notre sentiment de sécurité possède alors une force équivalente à celle de notre peur.

Cette formule est aussi, à mon avis, la seule façon de parvenir à nous aimer dans notre totalité. Certes, il n'est pas toujours facile d'accepter notre vulnérabilité, nos souffrances et nos faiblesses. Mais l'intention magnétique nous permet d'y arriver : « *Je choisis* de m'aimer *tout en* accueillant la situation déplaisante que je vis actuellement. » Voilà pourquoi il est si important de rester présents à nos faiblesses et de les utiliser pour créer une nouvelle réalité dans notre vie. Si nous prenons le temps de bien définir le nouveau programme que nous voulons installer, nous parviendrons à intégrer nos côtés sombres dans un nouveau paradigme libéré des restrictions dualistes engendrées par nos deux hélices physiques.

Si vous ne savez pas comment construire vos intentions ou doutez de pouvoir le faire, en voici quelques-unes qui m'ont été très utiles et que vous pourrez adapter à votre situation. Elles deviendront ainsi vos nouvelles intentions par défaut :

> « *Je choisis* de m'aimer *tout* en m'autocritiquant et en manquant d'amour pour moi-même. »

> « *Je choisis* que ce travail soit facile et reposant *tout en* doutant de ma compétence en ce domaine. »

> « *Je choisis* d'être heureux *même si* je ne sais pas comment faire. »

> « *Je choisis* de faire confiance à mon corps *tout en* acceptant mes souffrances et ma maladie. »

> « *Je choisis* d'être compétent *tout en* manquant de confiance en moi. »

> « *Je choisis* que tout le monde gagne dans ce conflit *tout en* étant têtu. »

Même en incluant notre dualité et en mettant l'accent sur l'état, l'intention ne peut s'utiliser que dans le respect d'autrui. C'est pourquoi il vaut mieux ne pas formuler nos intentions en fonction d'une personne en particulier. Par exemple, au lieu de dire « *Je choisis* que cette personne ne puisse pas me joindre *tout en* accueillant ma peur », il vaut mieux mettre l'accent sur notre sentiment de sécurité : « *Je choisis* de me sentir en sécurité, aimé et respecté *tout en* ayant peur. » Au lieu d'émettre l'intention de trouver un conjoint riche et puissant, nous pourrions *choisir*, de nous sentir protégés dans notre intimité et de vivre dans l'abondance *tout en* éprouvant de la méfiance. Si j'ai été ignorée et isolée quand j'étais petite, au lieu de dire « Je choisis que mon mari soit très attentionné », je peux *choisir* d'éprouver, dans l'intimité, le sentiment d'être importante *tout en* éprouvant de la résistance.

L'ÉTAT AVANT LA FORME

À force de me servir du pouvoir de l'intention au quotidien, j'ai saisi un concept que j'applique constamment et qui renforce mes intentions encore davantage. Ce concept a trait au fait qu'une fois l'intention formulée, il faut laisser aller la forme dans laquelle l'état souhaité se manifestera. Sinon, nous perdons beaucoup d'énergie à essayer d'inventer la forme au lieu d'accueillir l'état. Travailler avec l'état d'être plutôt qu'avec la forme nous mène à un nouveau paradigme situé au-delà des limites créées par nos expériences passées. Il va sans dire que, tout en décrivant l'état dans lequel on veut vivre, on peut exprimer ses besoins. C'est uniquement la forme qu'il faut laisser aller. Par exemple, je pourrais décider que, lorsque je vis une expérience intime avec quelqu'un, *je choisis* que cette personne vibre sur la même fréquence énergétique que moi *même si* je ne sais pas comment faire. Je devrai alors faire confiance au pouvoir de mon intention. Ce pouvoir magnétique attirera vers moi quelqu'un qui me conviendra parfaitement sur le plan vibratoire, mais qui n'aura pas nécessairement l'apparence ou le genre que j'aurais imaginés.

Il y a toute une différence entre « *Je choisis* d'être amoureuse d'une personne riche, célèbre, belle, etc. » (accent sur **la forme**) et « *Je choisis* de vivre dans l'état d'amour *tout en* craignant de me heurter à des blocages dans l'intimité » (accent sur l'**état**). Dans le premier cas, l'échec est plus que probable et provoquera un sentiment de déprime, l'impression d'être victime ou malchanceux. La deuxième formulation met plutôt l'accent sur l'état recherché (l'état d'amour). Chacun sait que lorsqu'on ne s'aime pas, on n'intéresse personne et qu'inversement, plusieurs « bons partis » se présentent simultanément quand on devient amoureux. C'est tout simplement parce qu'on est déjà dans **l'état** et qu'on a cessé de chercher la **forme** de l'amour.

Nous ressentons tous, un jour ou l'autre, un sentiment d'impuissance. Imaginons que tout le monde a la grippe autour de vous. Comme vous ne l'avez pas contractée, vous vous félicitez pour l'efficacité de vos intentions. Mais voilà que vous tombez malade à votre tour ! Vous cherchez aussitôt la cause de cet état et vous vous critiquez pour avoir formulé des intentions trop faibles, pour avoir commis une erreur, etc. VOILÀ LE MOMENT IDÉAL pour tirer parti de ces pensées moroses et affirmer que vous *choisissez* d'être en santé *tout en acceptant* votre manie de vous critiquer vous-même. Essayez-le ! Vous verrez que votre convalescence s'en trouvera grandement raccourcie. C'est dans ces moments qu'il faut faire confiance à nos intentions au lieu de nous perdre dans un labyrinthe de questions et de stratégies. Dans le doute, nous devons nous rappeler que nous avons *formulé une intention* et continuer de lui faire confiance *tout en doutant*.

L'intimité des relations affectives est un milieu très favorable pour pratiquer l'intention consciente. Au lieu de réagir en critiquant notre conjoint, ce qui ne règle rien du tout, nous pouvons travailler avec l'intention magnétique. Ainsi, dès qu'un conflit survient, nous pouvons *choisir* que notre couple soit protégé *tout en* accueillant la puissance de notre colère. De même, voici une intention utile lorsque la communication avec notre partenaire est bloquée ou difficile : « *Je choisis* de communiquer facilement dans l'intimité *même si* je ne sais pas comment faire » (ou tout en ayant de la difficulté à m'exprimer parce que mon père était très autoritaire, etc.).

Le fait de formuler une intention consciente chaque fois que survient un conflit avec mon conjoint a fini par attirer des situations nouvelles dans notre relation. IL NE FAUT PAS SE DÉCOURAGER ! Même si nous vivons encore des conflits, j'ai remarqué qu'ils ont moins d'influence et n'affaiblissent pas notre couple. Je sens que mon couple est de plus en plus authentique et que nous commençons enfin à sortir du cycle infernal des projections et du blâme.

Une de mes clientes, appelons-là Geneviève, désirait avoir une maison à la campagne. Pour cela, elle a d'abord dû identifier le genre de maison qu'elle voulait. Une bonne façon de faire consiste à réaliser un collage. Dans ce but, elle a donc rassemblé un grand nombre de revues. Ensuite, son mari et elle ont choisi un moment tranquille pour feuilleter les magazines au son d'une musique douce. Cette étape fait appel au cerveau droit – notre cerveau intuitif. Sans analyser ni utiliser de ciseaux, ils ont prélevé toutes les images ou les mots qui leur plaisaient sans se demander pourquoi. La phase suivante consiste à découper ces images et à les coller sur un grand carton. Cette étape fait appel à l'hémisphère gauche du cerveau, plus rationnel. La première étape est rapide et intuitive tandis que la seconde peut être beaucoup plus lente. Il est important de noter les images que l'on colle au milieu et celles qui les entourent afin de bien comprendre ses priorités. Ce petit truc permet d'identifier nos besoins. Geneviève aurait pu tout aussi bien dresser une liste, lire les tarots, consulter une liste d'émotions, etc. En fait, l'important, c'est de laisser monter l'inspiration et le désir sans jugement.

Maintenant que Geneviève porte l'image de sa future maison à l'intérieur d'elle-même, elle peut s'attarder aux « oui, mais ». Ces objections serviront de pôle négatif. Elle doit prendre le temps de bien les ressentir si elle veut obtenir un pôle productif. Maintenant qu'elle et son mari portent l'image de leur maison en eux-mêmes, qu'ils ont clarifié ce qu'ils voulaient et laissé émerger leurs doutes, ils peuvent *formuler ensemble l'intention* de trouver facilement une maison parfaite pour eux *tout en* éprouvant des hésitations et des doutes. La maison a ainsi pris forme à l'intérieur d'eux avant de se manifester à l'extérieur. En fin de compte, le couple a trouvé sans effort une maison clé en main qui ne requiert aucune rénovation.

Mon travail de coach m'a permis de recueillir des dizaines d'histoires similaires. Grâce à cette méthode, nous ne sommes plus manipulés par les événements, ce sont plutôt ces derniers qui se plient à nos intentions.

Pour progresser, il faut à tout prix choisir une intention cruciale à nos yeux. Il m'arrive de penser que le problème n'est pas de formuler l'intention mais d'en cerner le contenu. Pour cela, il est impératif non seulement de comprendre nos besoins, comme l'ont fait Geneviève et son mari, mais aussi de vouloir très fort que notre intention se réalise. Si je choisis de demander une maison clé en main, mais qu'au fond de moi, je suis prête à faire des compromis, il y a de fortes chances pour que les compromis l'emportent. OSONS demander et servons-nous de nos doutes comme pôle négatif pour que nos intentions soient magnétiques plutôt que de nous obliger à faire des compromis. Il faut savoir commander ce que l'on veut et non ce que l'on craint.

Quand une personne magnétique entre dans une pièce, on dirait qu'elle polarise les gens. Ceux-ci se rassemblent autour d'elle comme des papillons autour d'une flamme. La personne reçoit des hommages et des propositions sans lever le petit doigt. Nous aussi pouvons devenir magnétiques grâce à la baguette magique de l'intention magnétique au point zéro.

DES COMMANDES EFFICACES

L'intelligence quantique nous invite à adopter un mode de pensée circulaire et à manifester l'abondance en accueillant notre négativité au lieu d'être sur la défensive et de chercher à fuir l'intensité de la vie moderne. Nous devons continuer de créer et d'utiliser notre libre arbitre en commandant la créativité **associée** à une qualité de vie qui nous ressemble.

Ce nouveau paradigme est notre seule issue face au désespoir qui affecte l'humanité en ce moment. Nous pouvons utiliser la force magnétique de notre désespoir pour nous créer un futur béni plutôt que de baisser les bras et de renoncer à notre rôle de créateurs.

Pour y arriver, il faut penser en termes de physique quantique. Imaginons un tableau marqué de lignes parallèles. Ces lignes représentent des réalités qui vibrent simultanément à des fréquences variées dans des mondes parallèles. Nous pouvons choisir parmi ces réalités celle dans laquelle nous désirons vivre. Supposons que le désespoir relié à la dégradation environnementale de notre planète est représenté par un trait rouge vif sur ce tableau. Parce que ce trait rouge vif prédomine, nous nous croyons obligés de choisir celui-là. Si ce trait est prédominant, c'est uniquement parce qu'un grand nombre de gens repassent sans cesse dessus avec une craie rouge en choisissant la réalité véhiculée quotidiennement, entre autres, par les médias.

Or, le tableau comporte d'autres lignes, jaune citron ou vert pistache. Chaque fois qu'une personne choisit une craie verte, le trait vert pistache devient plus foncé. Les choix de la masse influent sur notre réalité. Plus il y a de gens qui croient en quelque chose ou adoptent une habitude, plus cette croyance ou cette habitude s'ancre dans notre réalité quotidienne. Ce sont les lois de l'univers physique dans lequel nous vivons. Face au désespoir international, nous agissons de la même façon. Nous sommes convaincus de devoir être hyperperformants et de progresser faute de quoi l'échec nous guette. Nous sommes engagés dans une course folle pour nous sauver du désespoir représenté par le trait rouge du tableau. Or, nous pouvons changer de voie quantique en établissant des frontières saines, en prenant conscience de nos besoins personnels et authentiques, en utilisant le pouvoir des intentions au point zéro et, finalement, en exploitant l'extraordinaire puissance de la fréquence de notre essence individuelle et unique.

Prenons le cas de l'automobile. Notre voiture est une source de pollution importante à toutes les étapes de sa vie utile : lors de sa fabrication, durant son utilisation et lorsqu'elle est envoyée au dépotoir où elle contamine le sol. D'une part, lorsque nous l'employons, nous pourrions nous sentir coupables et impuissants. D'autre part, si nous ne pouvons faire autrement, nous pouvons décider de renforcer un autre trait du tableau en utilisant la force de notre désespoir et notre sentiment d'impuissance pour commander que la planète et l'environnement soient protégés. Le problème de la pollution est directement relié à la faiblesse de nos intentions concernant la protection de notre planète. Nous ne sommes pas en relation avec elle. Nous repassons sans arrêt sur le trait rouge vif au lieu de soutenir une autre réalité qui, automatiquement, nous conduirait sans effort à adopter des habitudes de vie conformes à notre vision. Continuons donc de créer une réalité de sécurité et d'amour pour notre mère la Terre au lieu d'être victimes des conséquences de la réalité qui correspond au trait rouge. C'est ainsi que nous deviendrons des créateurs. Plus nous opérerons des choix conscients, plus nous nous identifierons à notre rôle de créateurs.

Nous avons de bonnes raisons de croire que nous ne pouvons pas être des créateurs. Or, ces raisons-là possèdent un énorme pouvoir et nous pouvons mettre ce pouvoir au service de nos commandes. Or, au lieu d'exploiter cette force de résistance à notre profit, nous nous polarisons et moralisons. Nous croyons que, plus nous modifierons nos habitudes de consommation, mieux la Terre s'en portera. En fin de compte, la situation ne fait qu'empirer. Pour choisir un code de conduite, nous devons prendre conscience du fait que la forme ne peut soutenir une fréquence. C'est l'état qui doit gouverner. En maintenant la fréquence d'une Terre en sécurité, nous ajoutons une nouvelle possibilité à notre tableau au lieu de renforcer l'ancien paradigme. En voulant combattre la réalité du trait rouge au lieu de changer de voie, nous ne faisons que le renforcer car, pour contrecarrer ses effets, nous avons besoin d'une craie jaune.

Nous avons tendance à nous justifier en disant que nous sommes démunis face à un contexte mondial plus puissant que nous. Chaque fois que nous optons pour cette façon de penser, nous passons un nouveau coup de craie sur le trait rouge du tableau.

La solution n'est pas extérieure – l'attitude à changer est notre sentiment d'impuissance. Plus il y aura de gens qui dirigent leur vie en utilisant le pouvoir de l'intention, plus il y aura de rayons de différentes couleurs sur notre tableau et moins le trait rouge vif du désespoir mondial sera prédominant. Grâce à nos décisions individuelles et respectives, nous amplifierons la fréquence du libre arbitre, et notre tableau comportera toutes sortes de nuances qui coexisteront au lieu d'être dominé par une seule fréquence désespérante.

Par exemple, au lieu de penser qu'il faut une communauté très importante pour éprouver un sentiment d'appartenance, nous pouvons choisir d'éprouver ce sentiment même isolés au sein d'une société peu ouverte. Nous commandons ce qui nous semble juste au lieu de choisir la réalité de la majorité. Au bout de quelques mois, nous pourrions nous rendre compte que cet autre couple, cette autre famille que nous fréquentons constitue notre communauté, que cette communauté est solide et que nous avons vraiment le sentiment d'en faire partie. En demandant des états d'être au lieu d'attendre que des choses arrivent, nous cesserons de nous sentir impuissants. Parce que si j'attends qu'une de mes amies soit moins occupée pour éprouver un sentiment d'appartenance, je risque d'être frustrée. Par contre, *si j'émets l'intention* d'éprouver un sentiment d'appartenance *tout en* embrassant mon incertitude, ma peur, ma déception et mon inertie, mon désir se réalisera parce que je maintiens une intention claire. Au lieu d'entretenir l'utopie que je vivrai un jour au sein d'une grande communauté spirituelle et écologique, j'ai le sentiment d'appartenir à une communauté de trois ou quatre personnes qui vibrent en résonance avec moi.

La personne qui aspire à trouver un meilleur emploi doit choisir d'être heureuse et satisfaite au travail, et de bien s'entendre avec ses collègues. À partir du moment où elle vibre à la fréquence de cette intention, elle pourra manifester un emploi qui correspond à cette vibration. Nous semblons attendre que le gouvernement, Dieu, ou quelqu'un de plus important que nous comble nos besoins au lieu de créer l'état que nous voulons et de commander le sentiment que nous éprouverons dans cet état. Si on crée l'état, la forme suit, c'est inévitable.

Je connais des gens qui prient et qui atteignent de bons résultats. Pour moi, l'intention et la prière, c'est un peu la même chose, puisque les deux sont une sorte de commande. Que l'on formule une intention ou une prière, il s'agit de le faire au point zéro et d'y intégrer ses doutes. Ce qui empêche les gens de prier ou de commander ce qu'ils veulent, c'est qu'ils doutent d'eux-mêmes ou du résultat de leur prière ou de leur commande. Il importe d'intégrer ses doutes à sa commande ou à sa prière car ils constituent l'un de ses pôles magnétiques.

Il y a des individus qui, sans être religieux, croient à la prière. Ils récitent un nouveau genre de prière qui s'adresse à la Source de l'univers au point zéro. Ces gens ont la conviction que leurs prières seront exaucées parce qu'ils y intègrent leurs doutes et la charge magnétique négative du manque de valeur personnelle. À mon avis, il s'agit simplement d'inclure ces sentiments, pas de les supprimer. Si je dis tous les matins : « *Je choisis* qu'il y ait du mouvement dans ma vie *tout en* accueillant ma résistance », la forme de cette commande se matérialisera. Nous sommes persuadés qu'il faut sortir de l'immobilisme, supprimer nos mémoires transgénérationnelles, cesser d'éprouver des malaises physiques pour pouvoir commander. Au contraire, il faut les englober dans nos commandes. Cela nous oblige à préciser ce que nous voulons vraiment et ce n'est pas toujours facile.

Ceci m'amène à aborder la question de la simplicité volontaire. Les gens utilisent cette expression pour éviter d'avoir à demander ce qu'ils veulent. En fait, ils le font pour éviter d'avoir à créer parce que, quand on ne demande pas, on ne crée pas non plus et on ne participe pas à la co-création. Nous sommes des humains en train de vivre l'expérience humaine sur la planète Terre. Nous sommes censés co-créer; nous sommes des dieux incarnés ici pour connaître ce que c'est que d'être humain. Nous ne sommes pas censés nous sentir impuissants dans cette expérience. Le plus intéressant, c'est que, quand le déclic finit par se faire en nous, nous éprouvons un plaisir directement proportionnel à la hauteur de la barrière qui nous empêchait d'avancer avant. S'installe alors à l'intérieur de nous un pouvoir qui englobe tout, un pouvoir exponentiel.

Dire que nous avons érigé nos barrières précisément pour atteindre cet état de pouvoir. Or, nous sommes convaincus que nous ne réussirons jamais à abattre ces barrières. Disons plutôt : « Je ne veux pas me débarrasser de mes barrières. C'est avec ces barrières-là que je veux commander, parce que le point zéro est le nouveau paradigme. » Il se trouve hors de la dualité et c'est la raison pour laquelle nous sommes incarnés sur Terre : pour devenir des experts de la dualité. Il faut dissoudre la mémoire émotionnelle de la perte d'un paradis où nous n'avions pas besoin de commander quoi que ce soit. Je dirais que les gens qui adoptent la simplicité volontaire n'assument pas la responsabilité de vivre. Ces gens croient qu'ils trouveront un jour un paradis où tout sera parfait et où d'autres personnes décideront à leur place... Dans le jardin d'Éden, il n'y avait pas de décisions à prendre, pas de conflits à résoudre, pas de désirs à satisfaire, rien. Or, nous sommes venus ici pour avoir des désirs, surmonter des obstacles, c'est ça l'expérience humaine. Dans le fond, nous devrions dire : « Aujourd'hui *je choisis* de vivre pleinement l'expérience humaine *même si* je ne sais pas comment faire. »

Pour que je sente que j'ai assez de valeur pour commander, je dois apprécier certains aspects de moi-même. Je dois décider que j'ai de la valeur, que mon essence est unique et avoir foi en mon unicité. Même si nous avons le sentiment d'être de plus en plus contrôlés et de perdre certaines libertés, notre énergie vitale n'est pas touchée. L'énergie qui fait qu'on respire, la respiration, n'est liée à personne. Il y a une force plus grande que la certitude à l'intérieur de nous et c'est la confiance. Il faut avoir confiance dans l'énergie de qui on est... Je veux que mon équipe soit compétente, je veux planifier de beaux projets, je veux éprouver un sentiment d'appartenance, je veux me sentir créatrice. Or, notre pouvoir de création ne peut s'exercer qu'à un seul égard : nous-mêmes. Le plus grand acte de chamanisme ne consiste pas à se connecter à l'énergie, il consiste à se connecter et à demander que notre vie quotidienne soit plus joyeuse et pétillante. À mes yeux, le chamanisme n'a de valeur que s'il a des répercussions dans notre quotidien.

Vous ne pouvez pas dire « Je commande cet emploi-là ». Il vaut mieux dire : « Je commande un emploi adéquat pour moi. Si c'est celui-ci, tant mieux ! Sinon, je veux l'équivalent ou mieux. » Vous vous inquiétez de savoir si votre commande est efficace ? Il suffit de vous répéter : « J'ai passé ma commande. » Au niveau planétaire, nous passons actuellement à l'étape des commandes ancrées dans des fréquences précises. *Je commande* l'état d'amour dans mon travail *tout en* étant mécontente du manque d'intégrité de mon patron ou de mes collègues. Je suis humaine, je suis incarnée ici, je suis un pilier de fréquence. Partout où je me trouve, je veux vivre dans la fréquence de l'amour *même si* je ne sais pas comment faire.

Si nous attendons le manuel d'instructions avant de passer des commandes, nous attendrons longtemps. Or, lorsque nous ne commandons pas, les commandes de la collectivité et des médias deviennent prédominantes. Il est très rare que les médias commandent l'amour. ...Notre valeur, la phase où on se trouve, rend la Terre meilleure. Actuellement, il y beaucoup de « faucons » qui occupent des positions de pouvoir dans le monde entier. Cela ne veut pas dire qu'il n'y a que des guerriers sur la Terre. Nous avons peut-être l'impression de ne posséder aucun pouvoir parce que nos gestes ont une portée très petite comparée à ceux des multinationales, mais quand un grand nombre de personnes s'ancrent dans une même fréquence, leur pouvoir devient exponentiel.

L'espoir nous stimule continuellement. Or ces stimuli sont les moteurs de nos commandes. Si vous vous sentez déstabilisés, commandez la simplicité. Il s'agit de mettre à profit le déclencheur d'une émotion dans nos commandes. Ne laissons pas tomber nos rêves parce que nous sommes fâchés ou incapables de pardonner les torts qu'on nous a causés. Utilisons plutôt notre rancune comme moteur de notre commande. Les rêves sont faits pour être retravaillés en fonction de la réalité du moment. Car la force énergétique des émotions reste la même, et nous avons le droit d'incarner nos rêves et notre valeur dans notre vie même si nous ne sommes pas parfaits. Nos commandes doivent être en accord avec notre vécu, avec nos désirs. La personne qui a eu une enfance très chaotique a le droit de demander le calme et la simplicité. Celle qui a été exilée dans l'enfance a le droit de demander des racines. Sans nier notre enfance, nous devons déterminer nos choix futurs en accord avec notre degré de maturité. La puissance de notre choix sera décuplée par ce qui nous arrive, nous stimule ou nous déstabilise.

Nos commandes ne doivent pas s'adresser à quelqu'un en particulier. Un père ne peut pas soutenir son enfant au niveau émotif s'il ne l'a jamais été lui-même. Cependant, cet enfant devenu adulte peut comprendre que son père était incapable de donner ce qu'il n'avait pas. Il peut alors le demander à l'univers. Il a le droit de commander ce qu'il lui faut malgré les lacunes de son enfance. L'univers est abondant et le soutien dont cette personne a besoin peut venir d'ailleurs.

Je comprends que certaines personnes puissent éprouver un profond ressentiment à l'égard d'un parent qui n'a pas comblé leurs besoins et que cela les amène à se priver de soutien ou d'aide. Cependant, il y a des cas où on peut lâcher prise et pardonner sans pour autant accepter ce que l'on a subi. On peut critiquer l'acte tout en comprenant la faiblesse de son auteur.

Supposons qu'une personne soit mariée à un homme distrait. Elle pourrait lui en vouloir quotidiennement pour ses multiples oublis. Mais elle pourrait aussi utiliser l'intensité énergétique de sa rancune pour commander d'être soutenue tout en éprouvant de la frustration. Elle pourrait critiquer l'attitude distraite de son mari tout en lui pardonnant. On peut pardonner sans pour autant accepter la situation. Son conjoint a peut-être eu une mère très exigeante et sa seule façon de survivre a été de développer une attitude distraite. En utilisant sa frustration pour commander du soutien et alléger sa vie, sa conjointe profite de la situation pour se libérer au lieu de s'enliser dans une position polarisée et d'incarner à son tour la « maman » exigeante. UTILISONS LE POIDS DE NOS FRUSTRATIONS DANS NOS COMMANDES – au lieu d'en avoir honte ou d'être coincés dans une impasse qui se transmet de génération en génération – car cela ne mène à rien... nous le savons fort bien.

Prenons aussi l'exemple de Josée qui refusait catégoriquement de faire des heures supplémentaires à l'hôpital, mais à qui on imposait continuellement des horaires astreignants. Josée a dû revenir en arrière et ressentir la frustration qu'elle éprouvait étant bébé quand sa mère n'avait pas le temps de s'occuper d'elle. Après s'être accompagnée et soutenue elle-même, elle a pu s'adresser à sa supérieure avec fermeté et lui dire qu'elle ne ferait plus d'heures supplémentaires.

Si elle se présente devant sa supérieure sans être convaincue de sa valeur personnelle, il est presque certain que sa demande ne sera pas entendue. Mais si elle s'y présente avec la conviction que, même si elle ne s'estimait pas étant petite, elle peut exercer un choix différent dans sa vie adulte, elle pourra utiliser son sentiment d'impuissance comme le pôle négatif de son aimant et commander un horaire qui lui convienne. Ensuite, elle devra lâcher prise et attendre de voir comment son souhait se manifestera.

Dans un univers incommensurable qui comporte des milliards de possibilités, le souhait de Josée se manifestera conformément à sa demande. Nous ne savons jamais d'avance sous quelle forme nos souhaits se réaliseront, mais nous savons que cette forme sera en accord avec notre intention – l'univers est notre complice et c'est comme s'il nous faisait un clin d'œil !

Supposons qu'à la fin de la journée, l'hôpital met une assistante à la disposition de Josée. Celle-ci se couchera en étant consciente de sa valeur et en aimant son prochain et la vie au lieu de se sentir coincée. Notre sentiment d'être piégé découle du fait que nous ne commandons pas ce que nous voulons. Josée avait *émis l'intention* de prendre du temps pour elle cette année et d'être consciente de sa valeur *même si* elle ne savait pas comment faire. Ne soyons pas victimes de notre désir de guérir, mais orientons notre guérison dans le sens de nos désirs. Je me suis rendu compte que la plupart des gens ont beaucoup de mal à déterminer ce qu'ils veulent tellement ils sont peu programmés pour le succès. Ils ont de la difficulté à affirmer ce qu'ils voudraient de positif dans leur vie.

Voici un autre exemple d'une personne qui a été battue quand elle était petite et qui réagit constamment comme si elle était en train de se faire battre. Toute émotion forte est ressentie comme une gifle. Le moindre stress s'apparente à une baffe, même si la personne est vigilante et capable de s'observer. Elle doit apprivoiser le stress qu'elle a subi dans l'enfance. Si elle attire des situations stressantes, c'est parce que sa petite fille intérieure est restée seule avec ses souvenirs. Au lieu de créer du stress dans notre vie, cherchons à retrouver l'enfant intérieur qui a connu ces états de stress. Lui aussi se sentait impuissant et sa seule issue était la dissociation. Au lieu de lui répéter que c'est fini, vous pouvez dire à votre enfant intérieur : « Je suis là pour toi, tu n'es plus tout seul. Il y a un adulte ici avec toi et il n'approuve pas que tu te fasses frapper. » Vous travaillez alors avec la présence et l'intention. « *Je choisis* d'être en sécurité *tout en* intégrant l'insécurité que j'ai connue dans l'enfance quand je n'étais pas protégé. » En fait, ce que vous voulez, c'est être protégé. Vous pouvez vous torturer l'esprit afin de découvrir pourquoi vous n'avez pas été protégé étant petit. Ou encore vous pouvez vous dire : cette position de vulnérabilité a déclenché une émotion puissante en moi; maintenant, je vais utiliser l'énergie de cette émotion pour combattre mon cancer et régénérer ma santé.

La personne qui cherche un emploi doit cultiver une vision large. Elle doit dresser une liste des états qu'elle veut ressentir plutôt que des caractéristiques de son emploi. Exemple : elle veut un emploi où les urgences sont rares, où l'atmosphère est gaie et détendue, où elle a le sentiment de posséder un certain pouvoir et d'être à la bonne place. Si vous êtes à court d'idées, vous pouvez réaliser un collage, prendre des cartes de tarot ou parcourir une liste d'émotions. Demandez-vous ce que vous voulez éliminer, corriger, avoir. Ensuite, ayez la foi. Au lieu de concentrer votre attention à l'extérieur, concentrez-vous sur la beauté de votre essence, sur ce qui est beau au-dedans de vous. Quand on est magnétique, on ne fait pas juste attitrer à soi des charges négatives, on attire aussi des charges positives !

Chapitre 4
Les programmes par défaut

Nous naissons avec des programmes innés mais nos expériences acquises influent sur nos réactions. Nos relations affectives peuvent modifier notre code génétique. Un article paru dans la revue *Science et Vie* d'avril 2005 annonçait la preuve scientifique de ceci : « … des généticiens et des spécialistes du développement ont découvert que d'importantes modifications chimiques apparaissent autour de l'ADN des nouveaux-nés… dès qu'ils entrent en contact avec leur mère. Autrement dit, les câlins n'ont pas tant un impact psychologique que…génétique ! (…) Ainsi, les caresses prodiguées par la mère peuvent « activer » des gènes situés à l'intérieur des neurones de l'hippocampe. (…) La preuve est faite que l'environnement agit sur nous autant que notre hérédité. » (p. 90-92)

Le taux vibratoire de nos programmes par défaut, ou programmes inconscients, n'est pas nécessairement en harmonie avec notre fréquence. Or, nous basons généralement nos décisions sur ces programmes. Quand nous étions enfants, nous avons assimilé des programmes familiaux qui semblaient parfaits puisqu'ils émanaient de nos parents. En fait, la plupart de nos programmes par défaut proviennent de l'enfance. Il s'agit d'ordres non verbaux que nous donnaient les adultes de notre entourage et que nous avons intégrés. Ainsi, une personne qui a appris dans l'enfance que, pour être aimée, elle devait se taire et ne pas faire de bruit aura tendance, chaque fois qu'elle sentira le besoin d'être aimée, à choisir automatiquement le « mode silencieux », parce que tel est son programme par défaut.

Le cerveau et les programmes d'un enfant sont facilement influençables (ou programmables) car l'enfant tente d'imiter ses parents et son entourage afin d'éprouver un sentiment d'appartenance. Cette capacité d'imitation est d'ailleurs ce qui nous permet, entre autres choses, d'apprendre notre langue maternelle. Pour être aimés, nous avons tous choisi des programmes qui, de notre point de vue d'enfant, nous semblaient adéquats. Le problème survient à l'âge adulte car ces programmes inscrits dans notre code génétique se perpétuent inconsciemment par défaut.

Une blessure enfantine peut avoir été tellement profonde qu'elle crée en nous une sous personnalité très éloignée de notre essence. Prenons l'exemple de

Louise (nom fictif) qui avait été élevée par une mère qui souffrait d'un grand ressentiment et enviait sa fille. Chaque fois qu'elle réussissait quelque chose, sa mère dénigrait son succès et lui coupait son entrain. Maintenant qu'elle vit avec son conjoint, elle revit le même scénario : chaque fois qu'elle connaît un succès, son conjoint réagit comme sa mère autrefois. Cela n'a rien d'étonnant car Louise a appris très jeune que le plaisir n'est pas salutaire. L'empreinte de cette blessure peut se transmettre de génération en génération. La mère de Louise ayant vécu dans un orphelinat, elle était continuellement sur ses gardes face à certaines religieuses malveillantes. Elle a donc transmis ce comportement à sa fille. Mais comme celle-ci voit les choses sous un autre angle, elle peut briser la chaîne de cet héritage psychique.

Il y a des incidents dans notre vie d'adulte qui ressemblent tellement, par certains aspects, à ceux de notre enfance qu'ils agissent comme un inducteur hypnotique et nous ramènent dans le passé. Il peut s'agir d'une intonation, d'une attitude et même d'un papier peint qui évoque celui de notre chambre d'enfant. Il se produit alors un déclic. Lorsque Louise essaie de partager la joie de son succès avec son mari, elle bascule dans le passé. Son hypothalamus se met à sécréter des peptides et elle redevient une petite victime qui parle à sa maman. Par conséquent, elle s'attend à voir celle-ci lui gâcher son plaisir. C'est ici que l'intention au point zéro lui permettrait de modifier ce schéma. Louise peut faire un nouveau choix : « *Je choisis* de faire confiance *tout en* éprouvant de l'angoisse. » Louise peut modifier ses perceptions et ses possibilités même si elle est persuadée qu'elle obtiendra toujours la même réaction négative lorsqu'elle essaie de partager ses réussites avec quelqu'un. Pour elle, être heureuse équivaut à désobéir à sa mère. En prenant conscience de ce modèle acquis et en utilisant l'intention au point zéro, Louise a pu s'en détacher.

Il n'est pas nécessaire de changer

Chassez le naturel et il revient au galop. Nous portons en nous toutes les étapes de nos vies. On ne peut pas se débarrasser de son enfance. Notre famille est la nôtre pour toujours. Nos blessures de l'enfance sont là pour rester. Quand on accepte sa vie sans la juger, on constate qu'il est inutile de vouloir se changer, c'est notre intention qui doit changer. La véritable compassion consiste à accepter l'imperfection de notre vie et à passer à l'étape qui consiste à formuler nos intentions au point zéro. Pour que son intention soit percutante, Louise ne doit pas essayer de changer, elle doit simplement choisir une autre possibilité que celle que sa mère lui a enseignée. Elle doit opter pour un nouvel état. Elle pourra *choisir* de ressentir du plaisir *tout en* accueillant ses hésitations. Au lieu de chercher un conjoint qui saura la rendre heureuse, elle peut cultiver quotidiennement un état dans lequel elle est heureuse *tout en* s'attendant à être punie, etc. À force de commander cet état jour après jour, elle développera un sentiment de confiance et trouvera automatiquement un conjoint qui soutient son enthousiasme. Si elle est déjà en couple, elle verra que son intention claire transformera sa relation.

En observant notre vie sans la juger, nous comprendrons mieux les schémas transgénérationnels qui nous ont été transmis en héritage. Nous comprendrons aussi que, en raison de ce que nos parents nous ont donné et enseigné et de ce que nous avons appris dans notre milieu, nous avons raté certaines expériences. Cela ne veut pas dire que ces expériences ne sont pas disponibles dans l'univers ! Si notre parent ne nous a jamais encouragé, cela ne veut pas dire que le soutien n'existe pas dans l'univers.

Osons imaginer des scénarios différents et permettons-nous d'opérer des choix nouveaux et plus puissants que ceux qui nous ont été enseignés dans l'enfance. Nul besoin d'être des héros pour devenir disponibles à soi-même : il suffit d'utiliser son imagination. Les vrais héros sont aussi des gens ordinaires. N'attendons pas d'être parfaits ! Nous sommes tous des anti-héros. Allons-y progressivement, commençons par rester présents à nos petits maux. Si nous avons mal à la tête, par exemple, attendons un peu avant de prendre un comprimé. Respirons dans la douleur sans nous juger en nous donnant d'abord le temps de la sentir. La clé de la compassion réside dans la capacité de rester présent à soi sans jugement.

Fréquence magnétique d'une blessure

Tout danger ou toute menace vécue dans l'enfance nous garde sous son emprise car la blessure qu'elle a provoquée est électromagnétique et continue de régir nos expériences. Elle cherche sans cesse d'autres fréquences en résonance avec la sienne. Elle nous pousse vers des gens qui résonnent au même taux vibratoire. En réalité, tout est vibration, et les blessures ont, elles aussi, une onde vibratoire bien particulière. Ces ondes ont le pouvoir de déclencher des réactions biochimiques dans le cerveau.

Cette attirance vibratoire influe sur nos relations intimes. J'ai remarqué que les partenaires s'attirent **par** le meilleur et **par** le pire. Lorsqu'un conflit oppose deux êtres, ils communiquent à travers leurs blessures, qui sont semblables. Si nous comprenons la nature de notre blessure commune, nous pourrons établir un nouveau protocole de résolution de conflit. Nous sommes attirés par des personnes qui portent les mêmes types de blessures que nous. Ces blessures-là sont électromagnétiques. Elles se déclenchent l'une ou l'autre de façon électrique. Quand un des partenaires bascule dans l'enfance, cet état de transe émet une pulsion vibratoire qui déclenche une réaction ondulatoire dans le cerveau du conjoint qui est en résonance. Tout à coup, au lieu de deux adultes qui communiquent – il y a deux enfants impuissants et opprimés par une figure parentale. Dans ces moments-là, *choisir* de rester adulte dans l'instant présent, *même si* on ne sait pas comment faire, est une attitude très bénéfique pour la santé émotionnelle du couple. Plus bénéfique que la critique. En fait, nous voulons que notre partenaire cesse de retomber dans ses blessures d'enfance afin de ne pas entrer sans arrêt en résonance avec elle ou lui.

Nous sommes tous liés par les fréquences du code génétique. À mon avis, si notre famille a un tel impact sur nous, cela est sans doute attribuable à l'existence d'un lien électromagnétique comme celui qui existe entre conjoints. J'ai remarqué que le décès d'un parent provoque souvent un sentiment de libération chez mes clients. C'est comme si le parent disparu emportait avec lui son taux vibratoire. Mes clients sont alors dégagés de l'emprise de cette vibration. Ils peuvent décider de vivre en dehors de la fréquence qui était associée au défunt. Ils peuvent choisir de vibrer à une fréquence inconnue du parent qui les a quittés. Après son départ, ils peuvent continuer de ressembler à ce parent ou choisir d'élargir leur vision.

En général, le parent qui décède emporte avec lui un pattern mental ou émotionnel qui lui est propre. L'ancrage de ce mode de pensée se dissout et on peut soit le renforcer soit faire une pause afin de choisir de manifester ce que nous sommes en dehors de cette influence. Nous pouvons laisser émerger de nouvelles formes qui correspondent davantage à notre essence. Dans les chapitres subséquents, nous apprendrons à nous identifier à notre essence et nous pourrons enfin nous présenter aux autres drapés dans notre vibration intrinsèque plutôt que dans les nombreuses blessures que nous avons subies.

Conserver la charge magnétique d'une émotion

Le corps émotionnel, quand il se sent jugé, devient paralysé. Or il est possible d'utiliser la charge magnétique des émotions comme moteur de nos intentions au point zéro. Il m'est déjà arrivé d'exploiter un moment de grande tristesse pour commander la santé. Je me suis mise au lit et me suis réservée une bonne heure de solitude pour permettre à ma tristesse de bouger sans la juger ni l'exprimer extérieurement. En respirant et en l'accueillant, j'ai laissé l'énergie de cette émotion circuler sans la bloquer. Même si j'avais peur de la force de cette tristesse, je me suis ouverte. Je me sentais en sécurité parce qu'au lieu de la vivre en public à travers des incidents miroirs qui me l'auraient reflétée, je lui ai permis d'évoluer dans un environnement contrôlé. Ensuite, sentant que j'étais arrivée au centre du mouvement émotionnel de la tristesse, j'ai utilisé la puissance de celle-ci pour commander la santé car je sentais poindre un début de grippe. J'ai aussitôt eu une poussée de fièvre, puis mes symptômes se sont estompés.

Si le corps émotionnel est surchargé d'émotions stagnantes, le corps va essayer de relancer le mouvement en provoquant une inflammation ou de la douleur. Le blocage se transmettra sans faute au corps physique. Il faut rester avec nos émotions comme le ferait une sage-femme auprès d'une patiente en couches. Avec patience, elle reste à ses côtés en sachant que ce travail laborieux sera couronné par une naissance. Les crises émotionnelles ont le pouvoir de transformer notre vie. Elles peuvent être de merveilleux passages. Rien ne nous empêche de choisir d'avancer vers notre plus grand bien en nous servant de la force de nos déceptions passées ou de nos regrets. Nous pouvons choisir de pardonner tout en éprouvant de l'amertume et de la colère. Nous n'avons pas besoin de changer, nous pouvons utiliser un sentiment qui nous semble dérisoire pour créer avec une intention précise.

Moment présent et réactions antérieures

Avec un peu de recul, nous pouvons entrevoir que nos réactions conflictuelles sont des résidus de notre enfance. Parfois, nous devenons hyperactifs, notre intonation change ou nous sommes impatients quand nous retrouvons le sentiment d'impuissance familier de notre enfance. Il est utile, dans ces moments-là, de se demander à quel âge nous avons régressé. Chaque fois que mon père nous rendait visite, j'avais remarqué que je tombais dans un état tout à fait différent de mon état normal. Un jour, *j'ai choisi* de rester adulte pendant nos rencontres *même si* je ne savais pas comment faire. La première fois que j'ai tenté l'expérience, je vérifiais constamment, en mon for intérieur, quel était mon âge. J'ai fini par pouvoir être en présence de mon père sans retomber dans un état puéril. Auparavant, nous reproduisions tous deux nos comportements de l'époque de mon enfance. Finalement, j'ai réussi à mettre fin au scénario dans lequel mon père incarnait le parent désapprobateur et moi, l'enfant peu sûre d'elle. Nous avons transformé notre danse et noué une relation d'adulte à adulte afin d'apprendre à nous connaître au présent.

J'ai remarqué que, lorsque mes clients résistent au travail, ils sont généralement en mode « infantile ». Il va de soi qu'il faut être adulte pour occuper un emploi même si, intérieurement, nous nous sentons parfois très petits ! Il s'agit, dans ces cas-là, d'un « ordre inconscient ». Une situation passée se trouve transposée sur notre réalité actuelle, qui se trouve alors faussée. Nous entrons alors dans une sorte de transe qui nous ramène à cinq, dix ou douze ans, par exemple, peu importe que nous en ayons trente, cinquante ou plus. Nos réactions et notre ressenti appartiennent au passé et n'ont rien à voir avec notre réalité actuelle. J'ai observé que, lorsque je me sens mal, mon malaise est souvent relié à une situation qui n'a rien à voir avec les circonstances du moment. Il peut s'agir d'une charge qui remonte à mon enfance ou d'un projet d'avenir qui semble me glisser entre les doigts.

La première fois que j'ai pris connaissance du phénomène qu'est la **commande inconsciente de l'enfance,** j'ai exprimé le souhait de pouvoir reconnaître les programmes du passé qui resurgissaient à mon insu afin de pouvoir y mettre fin. En fait, de nombreux signes m'indiquent que je ne me trouve pas dans la réalité du moment, mais bien dans l'enfance. Avec le temps, j'ai fini par reconnaître ces signes : mon sentiment de restriction et d'impuissance, mon intonation, ma posture, l'amplitude de ma respiration, mes doutes, etc. Tous ces éléments m'ont fait comprendre la nécessité de mettre en place un processus qui mette fin à ces commandes inconscientes qui nous coupent du moment présent.

Nos programmes par défaut peuvent également nous propulser dans le futur. Par exemple, le printemps achève à peine que déjà je m'inquiète de savoir si mes projets d'automne vont aboutir. Les lupins sont à peine sortis de terre que je crains déjà de subir un échec au mois de septembre ! Mais qu'est-ce donc qui nous attire toujours dans le futur en nous empêchant de goûter le moment présent ? Une surcharge due à un programme par défaut suffisamment puissant pour créer une dissociation et nous faire perdre le contact avec notre corps (un truc que nous avons tous appris dans notre enfance). Ce programme inconscient peut être de nature émotive, mentale, physique ou spirituelle, mais l'important, c'est qu'en perdant le contact avec notre corps, nous nous affaiblissons parce que nous nous déconnectons de notre énergie vitale qui cesse alors de circuler librement.

Prenons l'exemple de Marie-Pierre (nom fictif) qui travaillait dans une bibliothèque universitaire. Sa supérieure était si autoritaire que Marie-Pierre a dû déposer un grief auprès du syndicat. Elle m'a consultée pour que je l'assiste dans sa rencontre avec le syndicat et sa supérieure. Dans ce cas, il a d'abord fallu déterminer l'âge émotif de Marie-Pierre dans ce conflit, soit l'âge auquel elle a vécu un conflit semblable. J'ai donc utilisé la kinésiologie pour trouver son âge : trois ans. Ensemble, nous avons identifié la personne de son passé qui correspond aujourd'hui à sa supérieure. Il s'agissait de la grand-mère de Marie-Pierre qui habitait avec eux. Elle avait un caractère dominateur et elle aimait provoquer. La situation professionnelle de Marie-Pierre la ramenait automatiquement en arrière, à une époque où elle était trop jeune pour pouvoir se défendre. Lorsque nous prenons conscience de certaines attitudes acquises, nous pouvons émettre des commandes très précises comme celle-ci : « *Je choisis* d'être au présent et en sécurité dans les situations de stress *tout en* intégrant la violence mentale et verbale que j'ai connues quand j'étais petite. »

Pour nous libérer de nos programmes inconscients et de leur dictature, nous devons faire des choix conscients. Il s'agit donc de travailler avec des intentions conscientes plutôt que des intentions par défaut. Je vous invite à repenser et à revoir vos commandes inconscientes à partir d'une perspective vibratoire. Demandons-nous si nos commandes sont vraiment en harmonie avec le taux vibratoire de nos supercordelettes, qui émettent la fréquence de ce que nous sommes ? Vibrent-elles en résonance avec notre vibration essentielle ? Nous abordons désormais une nouvelle étape dans laquelle nous pouvons attirer à nous des réalités alignées sur le réseau quantique, qui vibre en harmonie avec notre taux essentiel.

CHAPITRE 5
LA COEXISTENCE

Lorsque j'enseigne le concept du point zéro, je suis toujours étonnée de constater que mes élèves ont une vision polarisée du point zéro, comme si la charge magnétique négative d'une émotion n'existait que pour polariser la charge positive d'une intention. Certes, elle est utile dans ce cas. Mais elle est encore plus dynamique dans le contexte de la coexistence.

La coexistence est un concept fascinant, en vertu duquel tout a le droit d'exister simultanément comme dans le cas du point zéro. Lors d'une expansion, il est souhaitable de faire coexister nos parties les plus lentes avec les plus rapides. Nous avons tendance à exclure les premières de crainte qu'elles nous ralentissent. En réalité, si nous les intégrons dans le processus, elles équilibreront l'énergie de la croissance au point zéro. Autrement, nous répétons à l'infini le proverbe chinois qui dit que tout ce qui monte doit redescendre. Au contraire, grâce à ce nouveau paradigme, nous pouvons croître d'une manière continue et circulaire en suivant le modèle de la spirale.

Nous nous trouvons alors en mode d'accueil. Nous accueillons tout ce que nous sommes et nous acceptons tous les aspects de notre personnalité. Nous ne cherchons plus à faire disparaître tel trait de caractère ou telle blessure. Nous acceptons tout ce que nous sommes, tout ce qui forme l'étoffe de notre être. Nous craignons peut-être, en incluant notre **ombre**, de faire des choix négatifs. Souvenons-nous que la coexistence est l'étape qui suit le point zéro. Le but n'est pas de se polariser d'un côté ou de l'autre.

LA COEXISTENCE DES DIFFÉRENTS NIVEAUX D'EXPANSION

Le point zéro, qui englobe tant l'expansion que la stagnation, nous sert à commander, à créer de nouvelles formes, à mettre fin aux scénarios récurrents. Il nous rend en général plus sereins en nous donnant la certitude que nos commandes seront efficaces.

J'ai remarqué qu'en se réappropriant ce pouvoir, mes clients vivaient souvent une expansion professionnelle ou autre. Or cette phase expansive était souvent suivie d'une période de régression. Une personne qui avait obtenu une promotion, par exemple, avait tendance à se polariser sur l'euphorie en laissant de côté ses sentiments moins extatiques. Si on retranche l'aspect négatif d'un événement heureux qui provoque une expansion, celle-ci se trouvera entravée. En effet, lorsque le pôle négatif d'une émotion n'est pas intégré au sentiment d'expansion, il freine cette expansion. C'est comme si l'enfant turbulent que vous avez omis d'inviter à une fête protestait en faisant un boucan d'enfer. Ce bambin gâchera votre réception si vous ne vous en occupez pas.

Selon le modèle quantique, tout choix positif coexiste avec de multiples possibilités dont certaines lui sont diamétralement opposées. Lorsque je choisis de faire confiance à mon corps, je dois faire coexister avec ce choix ma santé antérieure, ma peur de la maladie, un cancer latent, ma santé florissante, mes phobies, mes succès, mes guérisons et mes échecs.

L'EXPANSION AU POINT ZÉRO

Grâce au télescope Hubble, les astrophysiciens ont prouvé que l'univers est bel et bien en expansion. Or, nous, les humains, sommes soumis aux même lois et nous traversons, nous aussi, une phase d'expansion. Puisque l'observateur quantique influence la matière, nous pouvons, nous aussi, influer sur notre vie. Je reste convaincue que la nature humaine peut accéder à de multiples possibilités d'expansion qui vibrent à différentes fréquences et existent à l'état latent dans des réalités parallèles grâce au seul pouvoir du choix.

Cependant l'expansion est régie par des lois cosmiques. Plus nos projets prennent de l'essor, plus nous devons nous attendre à ressentir les effets de cet essor sur tous les plans, tant sombres que lumineux. En fait, selon les physiciens, l'énergie noire est une énergie répulsive, ce qui explique l'accélération de l'expansion universelle. Cette énergie noire joue un rôle crucial dans le processus d'expansion. Celui-ci influe sur tous les aspects de notre être. C'est donc dire qu'il accentuera aussi nos côtés sombres. Cependant, il est facile de faire coexister toutes nos parties grâce au pouvoir de l'intention au point zéro.

CHAPITRE 6

LA PERFORMANCE ET L'AMOUR DE SOI

L'AMOUR DE SOI AU POINT ZÉRO

Il y a quelques années, lorsque j'ai commencé à envisager l'ascension (voir la Partie II sur ce sujet), j'ai compris que, pour pouvoir ascensionner, il fallait que toutes les cellules de notre corps vibrent à la fréquence de l'amour de soi. Pour y parvenir, nul besoin d'être des superhommes ou des superfemmes. Nous pouvons commander, choisir ou décider de nous aimer tels que nous sommes en acceptant tous les aspects moins agréables de nous-mêmes. Certes, nous pouvons nous regarder dans un miroir et critiquer toutes nos imperfections, mais nous pouvons aussi faire l'exercice suivant. Prenez le temps de vous examiner et d'observer les aspects de votre corps qui vous déplaisent. Chaque fois que votre regard s'arrête sur un aspect qui vous contrarie, émettez l'intention d'aimer cette partie tout en ayant envie de la critiquer, etc. Au bout de quelques semaines, votre relation avec votre corps s'en trouvera modifiée. Les magazines regorgent de suggestions sur la manière de consolider son estime de soi. Il s'agit, entre autres, de moins se critiquer et de travailler à renforcer son image de soi. Par ailleurs, l'amour de soi au point zéro est un concept plus large qui exige d'apprendre à discerner consciemment ses bons **et** ses mauvais côtés tout en les faisant co-exister.

Il y a certaines personnes qui prennent leur évolution très à cœur et qui sont tellement exigeants envers eux-mêmes que je me demande parfois dans quelle direction ils évoluent vraiment. Je suis moi-même portée à me critiquer. Nous portons tous en nous un blâme interne qui se transmet de génération en génération depuis des lustres. Je me demande si nous progressons vers la perfection ou vers l'amour de soi. Ce n'est pas en nous critiquant et en nous censurant que nous parviendrons à nous aimer totalement, mais bien en accueillant tout ce que nous sommes et en nous accompagnant dans ce que nous vivons. L'autocritique est une expérience très polarisée. Nous pensons qu'il faut être parfaits pour être aimés. Nous ne connaissons pas l'amour inconditionnel. Comment peut-on regarder les autres sans jugement si on est très exigeant envers soi-même ? La comparaison est le symptôme le plus manifeste du désir d'accomplir des prouesses.

Certains de mes clients sont désespérés parce qu'ils n'ont pas « réussi leur mission ». En fait, ils vivent dans l'illusion qui consiste à vouloir accomplir des prouesses. Le terme « mission » bloque leur créativité, leur intuition et leur liberté car il comporte l'idée implicite d'une obligation. J'ai dû traiter ces clients à maintes reprises afin de modifier ce code exigeant et oppressif.

Notre nature profonde peut être très dynamique sans que nous ayons à réaliser un exploit historique. Avons-nous besoin de savoir si nos actions sauveront la planète ? Il est peut-être plus utile de savoir si elles nous ressemblent ou non avec tous nos aspects positifs et négatifs. Même si nous doutons de nous-mêmes, il est préférable d'agir avec une intention claire en nous accrochant à la fréquence de notre essence. De cette façon, nous nous définirons en fonction de notre fréquence vibratoire et de notre capacité de la maintenir plutôt que de la liste plus ou moins longue de nos exploits.

Lorsque nous nous fions à notre essence, nous devenons de plus en plus libres d'être nous-mêmes, ce qui nous confère un sentiment de pouvoir personnel. Nous vivons dans une société de plus en plus réglementée par l'État et les multinationales. Cette panoplie de règles et de lois engendre un sentiment d'impuissance collectif qui fait que nous avons l'impression d'être perdants d'entrée de jeu. Or, nous n'avons pas besoin de nous sentir impuissants. Nous pouvons utiliser la forte charge magnétique de ce sentiment d'impuissance pour commander efficacement ce que nous voulons en fonction de notre morale individuelle et passer ainsi à une autre étape marquée par un pouvoir personnel plus grand.

Nous seuls pouvons franchir cette prochaine étape. Elle ne peut pas être gérée de l'extérieur puisqu'elle prend en compte notre taux vibratoire individuel plutôt qu'une énergie dictée par les grands pouvoirs de ce monde. Notre intention et notre volonté de maintenir une fréquence que nous aurons choisie en accord avec notre essence nous aideront à cerner ce qu'il faut faire et la façon d'y arriver sans être continuellement polarisés par les jugements d'autrui, l'autocritique et la peur des lois.

La performance et l'amour de soi

Dans les moments d'insécurité financière, de doute ou d'épreuve, il arrive que nous perdions foi en notre essence. En inscrivant dans notre ADN la charge magnétique du sentiment d'impuissance et de la honte engendrés par ces événements, nous accéderons à un niveau de conscience supérieur. Nous canaliserons ces énergies en émettant l'intention de faire vibrer notre essence encore plus vigoureusement à l'intérieur de nous-mêmes. Ces moments difficiles pourraient bien accroître notre foi en nous. Il ne s'agit pas ici de foi religieuse, mais bien de confiance en notre essence.

Pour travailler sur soi-même, il faut avoir foi en soi-même. Certes, nous pouvons viser un certain bien-être, mais il ne faut pas perdre de vue que notre essence est chevillée à notre être et qu'elle est indépendante de nos blessures et de notre environnement. À force de travailler sur nos blessures, nous risquons de perdre cela de vue. Certes, il est nécessaire de décoder nos blessures et de comprendre leurs répercussions sur nos croyances et nos réactions. Mais il ne faut pas se décourager ni tomber dans le piège du sentiment d'impuissance. Nous avons oublié la quintessence de la guérison car celle-ci est devenue trop technique.

Chaque guérison a une histoire. C'est un chemin de Compostelle. Trop souvent, nous pensons qu'il y a une formule magique avec une ou deux données alors que le chemin du pèlerin est jonché d'épreuves. Chaque test comporte sa propre leçon ou conduit à une meilleure connaissance de soi. Les réalisations de nature émotive ou mentale n'ont qu'un seul but : nous donner la certitude que notre nature est divine. Le pèlerin sait que tous les obstacles rencontrés en chemin le conduisent vers ce but. Il n'y a pas de bonne ni de mauvaise performance.

C'est à travers la spiritualité que j'ai commencé à mieux me connaître. À l'époque, j'aspirais à me fondre dans l'énergie vitale qui faisait tourner les protons autour des noyaux des atomes et nous maintenait en vie. Chaque expérience ou obstacle renforçait mon enthousiasme et ma détermination. Il m'était facile de persévérer car je croyais en ma nature divine. Tout ce qui m'arrivait me conduisait dans cette direction. Petit à petit, le décodage de mes processus de défense émotifs ou mentaux a pris le dessus. Cela était nécessaire et naturel. Les exercices de yoga, la méditation et le végétarisme ne peuvent pas soulager toutes les blessures. Mon seul regret est de constater que la plupart d'entre nous, pèlerins, sommes restés identifiés à cette étape. Nous sommes tellement obsédés par le désir de nous perfectionner que nous avons perdu la foi en notre nature intrinsèque. Notre parcours a cessé d'être mystique et émouvant. L'extase a été remplacée par une obsession de la performance. Le mysticisme a été déclassé par la peur des sectes ou par un besoin de réussite dicté par le monde corporatif.

Il me semble que nous passons plus de temps en lien avec nos blessures qu'avec notre essence. De nos jours, après avoir échangé nos noms et nos occupations, nous nous présentons en relatant nos souffrances mentales et nos succès en matière de guérison. Nous nous définissons par rapport à des codes émotifs et mentaux. C'est comme si un seul horizon dominait notre paysage intérieur. Or, lorsque nous nous déplaçons dans ce paysage, il est important que nous restions bien centrés en nous-mêmes plutôt que dans nos blessures. Nous sommes tellement identifiés à celles-ci que nous nous sentons coupables de nous accorder des moments de détente et de loisir qui n'ont pas de but thérapeutique. Intérieurement, nous pensons qu'il faut toujours s'améliorer.

Qu'arriverait-il si nous apprenions à nous connaître non pas pour éviter une faillite émotive, psychologique, énergétique ou spirituelle, mais pour émettre haut et fort la fréquence de notre essence unique et divine ? Nous apprendrions certainement à vivre avec dignité et individualité. Nous cesserions de viser la perfection et ferions rayonner notre énergie personnelle, dont le parfum est unique et précieux. Nous diffuserions une lumière différente de celle des autres sans nous comparer.

Avoir foi en soi-même est une bénédiction. La personne qui croit en elle-même se sent bénie. Elle est fière d'elle-même au lieu de se préoccuper de sa position dans la course à la performance. En réalité, vouloir accomplir des prouesses en matière de guérison, c'est renoncer à soi-même. Croire en soi-même n'est pas un luxe. C'est une loi fondamentale de la Source qui sous-entend que chaque élément de celle-ci vibre à une fréquence unique au sein de la fréquence universelle.

Pour arriver à comprendre réellement tout ce que nous sommes, nous devons faire confiance à nos valeurs et avoir foi en nous-mêmes et en notre énergie propre. C'est bien beau de comprendre nos blessures et de vouloir nous améliorer, mais l'étape suivante exige que nous ayons foi en nous-même et en notre énergie vitale. Toute personne qui croit en elle-même est automatiquement reliée à la Source. Cette certitude quant à la valeur profonde de notre essence ne découle pas de l'ego, mais de la connaissance de notre vibration personnelle, qui nous maintient en vie et porte notre signature à travers le cosmos. Nous pouvons y puiser l'énergie nécessaire pour créer notre vie en faisant coexister la charge magnétique de nos souffrances avec elle.

L'amour de soi constitue la recette ultime pour faire coexister toutes nos incarnations et retourner à l'Âme centrale, pour commander avec assurance, pour opérer de nouveaux choix, et ainsi de suite.

Notre principal objectif consiste à maintenir la fréquence de notre essence. Or, celle-ci est unique peu importe ce que nous voulons réaliser, peu importe nos échecs ou nos succès !

CHAPITRE 7
L'ABONDANCE VOLONTAIRE

La simplicité volontaire tant médiatisée ces dernières années a un impact beaucoup moins grand que **l'abondance volontaire.** Qu'est-ce que l'abondance volontaire au juste ? Cette expression fait référence à nos comportements en ce qui a trait à la satisfaction de nos besoins et à notre capacité de prendre soin de nous. Il ne s'agit pas d'une abondance matérielle ou monétaire, mais plutôt d'une abondance magnétique en vertu de laquelle nos besoins sont comblés d'une manière rapide et équilibrée. C'est un mode de vie enraciné dans l'amour de soi et la dignité.

L'amour de soi et la dignité n'ont rien à voir avec la simplicité ou avec notre façon de dépenser, mais ils reflètent plutôt notre aptitude à manifester ce dont nous avons besoin pour mener une vie équilibrée. Au point zéro, si nous nous donnons pour objectif de modifier notre façon de prendre soin de nous-mêmes, nous choisirons indéniablement un comportement magnétique qui engendrera un plus grand mouvement dans notre vie. Les changements seront plus rapides et nos commandes produiront des résultats accélérés, ce qui créera un effet d'entraînement générateur d'abondance.

En manifestant ce que nous voulons à partir de notre essence, nous n'aurons plus peur des risques reliés à l'abondance et à l'expansion. Notre bien-être portera notre signature unique. Au lieu de comparer notre vie et nos succès à ceux d'autrui, nous éprouverons une profonde satisfaction. Nous nous identifierons à notre plénitude parce qu'elle vibrera à la même fréquence que notre essence. Notre richesse exprimera qui nous sommes parce qu'elle sera en accord avec notre essence. Nous n'aurons plus peur de nous perdre dans les excès.

Bon nombre de personnes de mon entourage n'osent plus élaborer des projets d'envergure par peur de l'épuisement. Or, si nos manifestations sont adaptées à notre fréquence, nous pourrons embrasser nos réussites sans crainte.

L'ABONDANCE MAGNÉTIQUE

Il n'est pas rare que nos périodes d'expansion soient suivies d'un épisode de restriction. Nous avons tous connu des gens qui, après avoir vécu dans l'abondance, ont traversé une période de vaches maigres. Les gagnants à la loterie sont nombreux à déclarer, quelques années plus tard, qu'ils étaient bien plus heureux avant de devenir riches. Quand j'observe l'ascension d'une célébrité, je suis toujours curieuse de savoir si cette ascension est magnétique ou si elle est vouée à l'échec. Il suffit de lire les articles sur Michael Jackson pour comprendre ce phénomène ou tout simplement l'histoire de Roméo et Juliette, que la mort a brutalement arrachés à un grand bonheur !

L'abondance magnétique ne concerne pas uniquement l'argent, car elle est aussi une énergie en mouvement. L'expression « gagner le gros lot » est un exemple parfait d'abondance polarisée qui reflète un mouvement énergique hors du cours normal de la vie. Dans l'abondance magnétique, tout coexiste. Les moments forts avec les moments faibles, tout aussi abondants à leur façon que ceux qui génèrent des revenus importants.

Nous avons tendance à morceler notre vie comme s'il s'agissait d'une grande tarte. Une pointe de cette tarte correspond à nos moments de réussite. Une autre, à nos moments de lassitude et de productivité moindre. Or, dans ces moments, nous voyons uniquement cette pointe-là de la tarte. Celle du succès semble avoir disparu. Toutefois, en vertu du principe de coexistence, notre fatigue n'est qu'une pointe de la tarte d'abondance qui peut coexister avec une autre pointe, celle du succès.

L'abondance volontaire n'a rien à voir avec une région du globe ou un statut professionnel ou social, mais elle a à voir avec notre enfance et avec nos choix. Désormais, l'abondance volontaire doit devenir une partie intégrante de notre morale personnelle. Nous devons décider, pour nous-mêmes et pour les autres, que nous avons le droit de combler nos besoins d'une manière rapide et efficace. Au lieu de dire : « Maintenant, je prends soin de moi ! », nous cultiverons une attitude et un mode de pensée fondés sur la conviction que nous avons droit à l'abondance et que les autres y ont droit aussi.

Des milliers de gens pensent que c'est un luxe de faire le travail qu'ils aiment. Cette attitude me sidère. C'est comme si nous étions conditionnés à travailler comme des esclaves et à accepter notre réalité sans piper mot. Nous justifions sans cesse notre impuissance au lieu d'utiliser l'énergie de ce sentiment pour commander un travail qui nous convient. Parce que nos parents ont travaillé d'arrache-pied toute leur vie, nous n'entrevoyons pas la possibilité de rejeter notre conditionnement d'esclaves et d'exercer un emploi agréable. Or, il est possible, désormais, de choisir un nouveau paradigme et de vivre au présent en faisant coexister notre croyance à l'esclavage avec l'abondance.

Au terme du cours de naturopathie que j'ai suivi à Montréal, le professeur d'éthique nous a prévenus que nous ne devions pas espérer gagner des millions dans notre profession. Je me suis dit : « Comme je suis contente d'avoir étudié la naturopathie avec un visionnaire californien. » En effet, ce dernier prétendait que, si le thérapeute n'est pas bien ou heureux, la thérapie sera médiocre ! Il nous donnait ainsi la permission de respecter nos besoins au même titre que ceux de nos clients. Grâce à lui, je n'ai jamais cru que, parce que j'étais naturopathe plutôt que cadre dans une prestigieuse société, je ne pourrais pas envoyer mes enfants dans de bonnes écoles ni les habiller convenablement. Il arrive que notre abondance limitée soit liée à un cours, à une formation ou à un groupe social qui nous a imposé une vision axée sur la simplicité. Cette vision nous empêche d'utiliser notre libre arbitre pour combler nos aspirations.

À un ami qui venait de déménager et qui se demandait avec inquiétude s'il pourrait payer son hypothèque dans les années à venir, j'ai répondu qu'il n'avait pas à s'inquiéter puisque cette nouvelle maison était la manifestation concrète de son intention et que celle-ci englobait ses peurs. Trois années plus tard, sa femme et lui ont touché une grosse augmentation de salaire, qui leur a permis d'effectuer de nombreux voyages. En prime, ils ont pu rénover leur maison. Voilà des signes d'une abondance magnétique où, étape par étape, intention par intention, le couple a bâti sa réussite en accueillant ses inquiétudes et ses peurs au fur et à mesure. Il est difficile d'imaginer que l'insécurité financière et la peur de la maladie, entre autres, font partie de la roue de l'abondance. Il m'apparaît plus facile de visualiser la coexistence comme une roue ou une tarte divisée en sections que comme des réalités quantiques existant dans des univers parallèles, mais le concept demeure le même.

La vraie abondance est celle qui nous permet d'être en contact avec notre voix intérieure dans les moments banals du quotidien et pas seulement lors des événements marquants de notre vie. Être en contact avec nous-mêmes et suivre les diktats de notre voix intérieure, cela vaut bien toutes les richesses matérielles. L'autre jour, une chanteuse interviewée à la radio expliquait qu'elle se fiait toujours à son ressenti avant de prendre une décision professionnelle importante. Elle avouait qu'elle ne prenait pas toujours des décisions judicieuses, mais qu'elle faisait systématiquement confiance à sa voix intérieure et était prête à accepter les conséquences, bonnes ou mauvaises, de ses choix. Si nous visons constamment la perfection, nous risquons de ne pas entendre notre voix intérieure lorsque le moment est venu de prendre une décision. Mieux vaut prendre des décisions en accord avec notre petite voix intérieure que d'être obsédés par un souci de perfection polarisé par le désir de réussir ou la crainte d'échouer.

L'ABONDANCE VIBRATOIRE

Il y des projets qui nous tiennent tellement à cœur que nous nous jetons dedans à corps perdu sans prendre le temps de vérifier s'ils sont en résonance avec notre taux vibratoire. Nous sommes si excités que nous faisons fi de nos doutes. Prenons l'exemple d'une de mes clientes que nous appellerons Lorraine et qui voulait s'acheter un terrain dans le cadre d'un projet écologique. Séduite par les concepts écologiques que prônait le promoteur, elle n'a pas pris le temps de sentir si ce projet était en harmonie avec elle sur le plan vibratoire. Parfois nous sommes tellement séduits mentalement par une idée que nous passons outre tous ses autres aspects. Nous refusons d'écouter nos hésitations de crainte qu'elles nous empêchent d'atteindre notre but. J'ai donc aidé Lorraine à faire abstraction de la forme du projet et du concept qui le sous-tendait afin de pouvoir ressentir ce projet sur le plan vibratoire. En se laissant convaincre de l'objectif écologique du projet, Lorraine avait cédé son pouvoir au promoteur immobilier au lieu de demeurer centrée et de commander la sécurité au niveau vibratoire. Elle a donc *émis l'intention* de vivre dans une demeure qui serait en résonance avec son essence et celle de sa famille *même si* elle ne savait pas comment faire.

En choisissant des projets alignés sur notre fréquence, nous nous autorisons à exprimer la totalité de ce que nous sommes au lieu de laisser cette décision à notre enfant intérieur qui n'a pas les compétences nécessaires pour opérer un choix approprié à notre essence. Émettons donc consciemment l'intention que nos choix futurs soient alignés sur la fréquence de notre essence et nous nous sentirons en sécurité sur le plan vibratoire. Cependant, nous devons nous attendre à ce que les portes se ferment lorsqu'une situation n'est pas alignée et qu'elles s'ouvrent sans effort lorsque nous manifestons, grâce à nos intentions conscientes, des situations en parfait accord avec notre fréquence.

En osant commander l'alignement et la sécurité vibratoires de nos projets, nous accéderons à une nouvelle forme de manifestation continue. Nos projets ne seront plus alignés sur la réalité vibratoire de quelqu'un d'autre ou d'un vendeur convaincant mais sur notre essence. Nos demandes au point zéro produiront des résultats impressionnants et rapides. Nos entreprises ne tourneront pas court au bout d'un certain temps, mais continueront de s'adapter aux diverses modulations de fréquence. Nous ne serons pas toujours en train de mettre sur pied de nouveaux projets parce que les anciens ne s'accordent plus avec ce que nous sommes devenus.

Le besoin de sentir que nos entreprises résonnent avec notre essence et nous procurent un sentiment de sécurité vibratoire n'est pas un faux besoin. Il n'est pas lié à des contraintes matérialistes ni à un sentiment d'insécurité. C'est un choix essentiel !

Chapitre 8
L'accompagnement de soi

Passage

À la rubrique « passage », *Le Petit Larousse* définit ainsi l'expression « rites de passage » : « rites, cérémonies qui sanctionnent l'accession d'un individu d'un groupe à un autre, notamment du groupe des jeunes au groupe des adultes ». Lorsque nous abordons une nouvelle étape, professionnelle ou sociale, de notre vie, nous devons nous accompagner nous-mêmes car notre société a délaissé les rites de passage. Nous croyons inconsciemment que notre vie est gouvernée par un pilote automatique; cette croyance fait que nous subissons passivement les périodes de turbulence et de transition. Or, quand je m'apprête à franchir un passage, plus je l'honore, plus je m'octroie du temps pour le traverser, plus je fais preuve de bienveillance envers moi-même.

Pour nous accompagner nous-mêmes, il faut d'abord prendre le temps de reconnaître l'importance du passage que nous traversons parce qu'il nous conduira vers une nouvelle phase de notre évolution. Ce que nous vivons est sacré pour autant que nous décidions que c'est le cas. De la même façon, le passage sera banal si nous en décidons ainsi. Dès l'instant où nous reconnaissons une transition comme sacrée, nous nous engageons à y consacrer une présence patiente et attentionnée. Même quand une crise d'anxiété nous réveille au beau milieu de la nuit, même tourmentés par nos pires appréhensions, nous pouvons affirmer notre intention de faire coexister notre bien-être avec ces états. Voici la phrase que je me répète dans ces cas-là : « Je suis là pour toi, la Terre entière pourrait te tourner le dos, je reste; je suis là pour toi ! Je n'ai pas peur de ta douleur. » J'annonce ainsi à la partie de moi-même qui est moins courageuse ou moins compétente qu'elle sera soutenue et franchira le passage avec moi !

De nombreux clients me consultent le jour de leur anniversaire de naissance. Ce jour est universellement reconnu comme un passage. Mes clients pressentent qu'ils abordent une étape différente, mais ils ne savent pas toujours comment demeurer présents à eux-mêmes dans ce processus. Plus ils seront disponibles à eux-mêmes, plus la transition sera aisée. Pour pouvoir s'accompagner pendant une transition, il faut faire coexister toutes les parties de soi-même qui participeront à ce passage. Plus une personne est évoluée, plus elle est présente à elle-même pendant les périodes de transition. Pour reconnaître un thérapeute chevronné, il suffit d'observer la façon dont il s'accompagne dans son processus d'évolution.

Compassion envers soi-même

Pour apprivoiser nos émotions, nous devons rester présents à leur charge négative. Dans le cas contraire, le vide ainsi créé pourrait être comblé par les charges négatives de la conscience collective ou subir une programmation par défaut. Au lieu de laisser béer la charge, il est préférable de l'intégrer à nos choix. Par exemple, supposons qu'un beau matin, nous nous éveillons tenaillés par le doute. Nous pouvons choisir de faire coexister notre santé avec nos doutes au lieu de tomber dans un état dépressif qui durera toute la journée.

Passer du temps avec notre partie vulnérable, celle qui se sent souvent impuissante, ne signifie pas que nous ne ferons que ça et rien d'autre et que notre réalité sera imprégnée d'un sentiment d'impuissance continuel. Cela signifie que nous serons en contact avec tous les aspects de nous-mêmes et qu'il nous faudra ancrer au centre de nous-mêmes la vision d'une intention centrale. Quand je ne suis pas en contact avec ma vulnérabilité, je la laisse me diriger au moyen des programmes inconscients qu'elle m'impose. Par contre, si je suis en contact avec elle, c'est moi qui prends les commandes puisque je peux entamer un dialogue avec elle tout en définissant une nouvelle réalité pour moi-même.

Par exemple, je peux dire à cette partie vulnérable de moi-même : « Je vais passer du temps avec toi, je vais rester avec toi. » et, parallèlement, « *Je choisis* d'exprimer ma force *tout en* restant avec la partie de moi qui souffre en ce moment ». Le simple fait de formuler une intention qui englobe ma vulnérabilité (la partie de moi qui souffre) me permet d'échapper aux programmations par défaut et d'affirmer ma force. En d'autres mots, j'utilise ma vulnérabilité pour créer plutôt que de la laisser me limiter. Ce faisant, elle devient une richesse dans ma vie.

En agissant ainsi, nous ne laissons aucun espace vacant susceptible de laisser entrer une charge négative étrangère à nous-mêmes. Quand nous demeurons présents à nos émotions et travaillons avec elles, nous expérimentons la véritable compassion. Il est très difficile de rester centrés quand une partie de nous est complètement ouverte. En vertu du modèle quantique, qui croit en l'existence simultanée de plusieurs réalités, toutes les probabilités doivent coexister pour que la nature soit en harmonie. Pour demeurer centrés et équilibrés, et pour connaître le succès, nous devons donc faire coexister toutes les parties de nous-mêmes.

Nous serons mieux à même de soutenir les autres si nous sommes capables d'être présents à nous-mêmes. Dans nos moments de vulnérabilité, plus nous sommes disponibles à nous-mêmes, plus nous sommes compatissants envers les autres. Quand nous adoptons l'attitude du bon samaritain, la souffrance de l'autre nous rend présents à nous-mêmes et à tout ce qu'elle fait monter en nous. Sous l'effet de notre compassion, l'autre entre en rapport avec lui-même. Si nous sommes à l'aise avec notre inconfort, nos amis pourront pleurer à côté de nous sans que nous les poussions à sécher leurs larmes au plus vite. Nous les accueillerons dans leur passage sans faire obstacle à celui-ci.

Un jour, une amie de notre famille qui devait effectuer son premier voyage à l'étranger est venue nous rendre visite quelques jours avant son départ. Pendant le repas, elle a senti monter en elle de profondes émotions. Elle a fondu en larmes et exprimé sa peur d'arriver en Amérique du Sud et de se sentir perdue comme une île au milieu de l'océan. Elle s'est autorisée à ressentir toute la richesse des émotions qui montaient en elle parce que nous n'exercions pas une censure polarisée. « Pleure, lui avons-nous conseillé. Tu pars plusieurs semaines et tu vas prendre l'avion pour la première fois. Tu as tout à fait le droit d'avoir peur. Il vaut mieux exprimer ta peur maintenant et la faire coexister avec ta joie et ton sentiment de sécurité que de l'ignorer. » Puis, notre amie est partie. Des grèves générales ont éclaté dans le pays où elle résidait et certains quartiers ont été évacués. Cependant, elle s'est toujours sentie en sécurité et n'a pas été affectée par ces événements.

Il faut comprendre qu'au moment des traumatismes de notre enfance, nous étions seuls pour résoudre nos sentiments. Les adultes de notre entourage ne pouvaient pas confirmer la légitimité de nos sentiments ni nous expliquer que grand-mère avait ses propres problèmes à résoudre. Nous étions seuls avec notre souffrance. En réalité, si nous avions obtenu du soutien à l'époque, nous ne serions pas sans cesse aux prises avec les mêmes conflits une fois devenus adultes. Si, dans l'enfance, nous avons vécu une situation que nous n'avons pas pu conscientiser, à coup sûr la vie, qui se déroule en spirale, nous présentera la même dans un nouveau contexte. C'est un peu comme un jeu de Clue : à nous de découvrir qui a fait quoi, dans quelle pièce et avec quelle arme !

C'est dans des moments comme celui-ci qu'il faut **s'accompagner** soi-même. Je suggère à mes clients de prendre un oreiller, un coussin, un ourson en peluche, etc., et de se retirer dans un endroit calme. Je leur conseille de prendre l'ourson dans leurs bras et de lui dire : « Ta grand-mère (ton père, ta mère, etc.) te terrorisait et elle n'était pas là pour toi. Maintenant, je suis là. Je reviens te chercher. Je sais que tu souffres. Je suis avec toi, mon petit, et je n'ai pas peur de ta douleur. Tu peux pleurer tout ton soûl; si tu t'es senti abusé, je te crois. Je suis là pour toi. »

La personne adulte va permettre à son enfant intérieur de pleurer tout son soûl et d'accéder enfin à ses sentiments refoulés **sans les censurer**. Ensuite, elle lui promettra de revenir le lendemain la bercer et l'accompagner durant cinq à dix minutes – pas toute la journée. L'adulte doit aussi demander à son enfant de ne pas s'immiscer dans sa vie actuelle. Désormais, quand elle ira travailler, par exemple, *elle choisira* d'être dans le moment présent *tout en* portant le poids des critiques qu'elle a subies étant petite. Ayant pris cette décision, elle pourra retourner au travail en *émettant l'intention* d'être respectée *tout en* accueillant l'insécurité qu'elle a éprouvée étant petite. Petit à petit, même si sa situation professionnelle ne s'améliore pas, elle ne se sentira plus comme une victime et rentrera du travail le cœur content.

Cette forme d'accompagnement m'a beaucoup aidée dans ma vie. Elle m'a permis de devenir ma meilleure amie, mon meilleur soutien. Dans les moments difficiles, je répète ce qui suit comme un mantra : « Je suis là pour toi ! Il y a un adulte qui est là pour toi, je n'ai pas peur de ta douleur, je suis là pour toi, je suis avec toi.... »; c'est une forme de méditation qui favorise l'accompagnement de soi. Nous n'étions pas toujours seuls quand nous étions petits et les adultes n'étaient pas tous mauvais tout le temps. Ils étaient souvent débordés et incapables d'être présents à nous. C'est pourquoi nous devons revenir en arrière et assumer le rôle du parent attentif car, dans l'enfance, nous étions trop petits pour trouver des solutions.

Quand nous retournons en arrière pour détricoter notre enfance, nous devons pouvoir affirmer à notre enfant intérieur qu'il n'est plus seul et qu'il a enfin un adulte à ses côtés. S'il m'arrive de me réveiller la nuit et d'éprouver de la peur ou tout autre émotion, j'adopte automatiquement ce mode d'accompagnement. Je répète mon « mantra » jusqu'à que mes émotions s'apaisent. Je finis par me rendormir avec un sentiment de bien-être dû au fait que je suis présente à moi-même.

Nous ne pouvons pas effacer nos traumatismes de l'enfance, mais nous pouvons accompagner notre enfant intérieur avec présence et compassion. Ensuite, nous pouvons inscrire la charge magnétique de nos traumatismes dans notre ADN et nous en servir pour créer de nouveaux scénarios dans notre vie d'adultes. Je peux créer des événements sans avoir peur d'être isolée au cas où je vivrais un bouleversement. Je sais que je serai présente à moi-même, avec bienveillance et sans avoir honte de mes réactions même si je piétine et hésite à m'accompagner pendant un certain temps. L'acceptation et l'amour de soi alliés à la non-acceptation et au non-amour de soi m'empêchent d'adopter une attitude héroïque dans ces situations et me permettent de demeurer présente à moi-même avec compassion. Je n'attendrai pas d'être parfaite pour choisir la clarté car je risquerais d'attendre longtemps ! Cette façon de m'accompagner m'a rendue plus calme et plus authentique. J'apprécie de plus en plus l'authenticité. Surtout celle des gens qui n'ont pas peur de ressentir un inconfort en présence d'autrui parce qu'ils peuvent demeurer présents à eux-mêmes au lieu d'attendre que l'on prenne soin d'eux.

Ce mode de pensée ne s'applique pas seulement aux femmes. Beaucoup d'hommes qui me consultent ont souffert de n'avoir pas pu satisfaire les exigences de leur mère. Devenus adultes, ils ne se sentent pas à la hauteur ou sont sur la défensive devant les demandes conscientes ou inconscientes de leur conjointe. Ils doivent revenir au traumatisme subi dans l'enfance, passer du temps avec leur enfant intérieur et lui dire : « Pauvre toi, ton père n'était jamais là, ta mère était débordée. Maintenant, je suis là pour toi. Pauvre toi, cela devait être contraignant d'essayer d'être le gars que maman voulait que tu sois. Tu as dû douter de toi. L'adulte que je suis sait que c'est impossible pour un enfant d'un an de répondre à toutes ces attentes. »

Petit à petit, ces clients qui ne savaient pas comment déléguer et qui refoulaient leur frustration sont devenus plus spontanés. Leur enfant intérieur, moins esseulé, n'était pas toujours au premier plan et ils ont pu nouer des relations adultes et chaleureuses, fondées sur l'entraide et l'authenticité.

Un grand nombre de maladies et de souffrances pourraient être allégées par l'accompagnement de soi. Une de mes clientes, qui avait souffert d'un cancer et s'était guérie grâce à des méthodes alternatives, n'a pas survécu à la honte qui l'a submergée lors d'une rechute survenue quelques années plus tard. Elle n'arrivait pas à rester présente à elle-même et n'acceptait pas que ses blessures de l'enfance requièrent autant d'attention. Ces blessures sont comme un enfant turbulent : si on ne s'en occupe pas, il crie encore plus fort. Si nous acceptons d'être déçus sans avoir honte, nous découvririons ce que cache notre attitude perfectionniste.

Dans ce type de décodage, il faut tenir compte non seulement des moments marquants de notre enfance, mais aussi de nos mémoires transgénérationnelles ou autres. Ayant appris à m'accompagner dans les épisodes douloureux de mon enfance, j'ai pu poursuivre le processus avec mes mémoires transgénérationnelles, sociales et historiques. Certes, il est nécessaire de décoder et d'interpréter nos blessures, mais l'accompagnement de soi est la tâche la plus importante qui nous incombe par la suite.

Quand je fais un cauchemar, au lieu de ressentir du soulagement une fois le matin venu, j'accueille mon cauchemar. Je reste présente à ma peur car je sais que le cauchemar me renvoie à des blessures anciennes. Si je m'y attarde et que j'en inscris ensuite la charge magnétique dans mon ADN, je tire parti de cette énergie et j'atténue ainsi les séquelles de mes traumatismes passés.

Nous avons tendance à espérer que nos problèmes disparaîtront comme par magie et de façon définitive. C'est là une attitude peu constructive qui nous expose à ressentir le retour de nos problèmes comme un échec. Nos traumatismes de l'enfance ne peuvent pas disparaître puisqu'ils sont gravés dans notre mémoire. Il m'arrive de retomber dans mes blessures, mais cela se produit de moins en moins souvent. De plus, le choc est moins intense et ses effets durent moins longtemps. Je n'ai plus peur de voir resurgir une blessure car je suis mon propre parachute lorsque je m'accompagne moi-même.

Dès que nous reconnaissons un aspect de notre expérience humaine, peur, ennui ou colère, et que nous décidons de le faire coexister avec le reste de notre vie plutôt que de nous en débarrasser, non seulement il cesse de poser problème, mais nous ne cherchons plus à nous en délester au plus vite. Au moment où se produit l'incident déclencheur, nous accueillons l'émotion dans notre vie, qui conserve alors sa fluidité. Le schéma quantique ne parle que de matière en mouvement qui se transforme continuellement sous une influence ou une autre. De toute façon, notre vie sur Terre suscite constamment des émotions variées. Pourquoi ne pas y demeurer présents et les vivre pleinement ?

Le défi des humains face à toute souffrance ou blessure consiste à trouver de nouvelles façons d'affronter celles-ci. Il existe une solution originale et puissante : ne pas attendre d'être **sauvés**, mais devenir conscients et responsables. Par responsables, j'entends être capables de **répondre** à nos besoins. Et surtout nous permettre de ressentir nos émotions sans passer tout de suite à l'action. Donnons-nous le temps d'essayer cette nouvelle approche sans être trop durs envers nous-mêmes. Après tout, l'expérience humaine est complexe et nous ne vivons pas dans un monde parfait.

Nous portons tous en nous une image idéale de la vie. Dès que nous voyons un couple qui semble heureux, nous imaginons inconsciemment qu'il existe un modèle parfait de relation amoureuse. En fait, nous aimerions croire qu'il existe une autre solution que de s'accompagner soi-même dans les moments de noirceur. Hors, il n'y a pas de couple parfait, il n'y a que des couples authentiques formés de deux personnes qui savent s'accompagner individuellement et mutuellement.

Je me plais à imaginer une société d'adultes qui prendraient le temps de s'accompagner dans leurs moments de détresse pour former un monde empreint de compassion. Plus je m'accompagne, plus je peux soutenir mes enfants et les guider sans m'ingérer dans leur vie. Plus j'éprouve de l'empathie et de la tolérance envers les autres. Plus j'ai envie de prendre soin de notre planète. L'amour et l'accompagnement de soi pourraient très bien illustrer ce que nous sommes venus faire sur la planète.

S'ACCOMPAGNER PLUTÔT QUE CHANGER L'AUTRE

Quand j'étais une jeune mère, je pensais toujours que je devais travailler sur mes enfants. Avec l'âge, j'ai compris que c'est plutôt sur moi qu'il fallait travailler et moi qu'il fallait accompagner. Si la personne qui veut instaurer un climat d'amitié au travail choisit de travailler dans une atmosphère d'entraide et de soutien même si elle ne sait pas comment faire, elle aura plus de chances d'y arriver que si elle demande à son entourage de changer. Si elle pense qu'elle a droit au soutien et à l'amour, elle créera intentionnellement un milieu constitué d'alliés plutôt que d'adversaires.

Prenons l'exemple de Florence (nom fictif) dont les enfants se disputaient sans cesse avec leur père. Après avoir tenté à maintes reprises de les amener à communiquer calmement, elle a renversé la situation. En tout premier lieu, elle s'est demandé : qui suis-je lorsque mes enfants ont un conflit avec mon époux ? Elle s'est sentie énervée, déçue, perdue et, finalement, elle a vu qu'elle croyait être une mauvaise mère. D'une part, elle a compris que le problème appartenait à son époux et à ses enfants et non à elle. D'autre part, elle a décidé de travailler sur elle-même parce que la situation provoquait des émotions en elle. Elle a donc utilisé sa propre colère comme le moteur de son intention de faire régner paix. Elle a utilisé l'énergie de sa frustration pour résoudre le conflit qui lui tenait à coeur. Le problème, souvent, c'est que nous attendons que la situation se transforme au lieu d'utiliser les tensions existantes comme moteur de transformation.

Certaines questions précises peuvent nous aider à prendre du recul pour prendre soin de nous-mêmes lors d'un conflit et dans les moments de tension : Qui suis-je quand mon entourage se querelle ? Qui suis-je quand mon conjoint se dispute avec mon enfant ? Puis-je sentir mes jambes ? Puis-je sentir mes pieds ? Habiter le moment sans juger la situation nous permet de rester présents. Si nous avons été blessés dans l'enfance, il se peut que nous ayons appris à nous dissocier de la situation au lieu d'y rester présents. Devenus adultes, nous pouvons choisir de respirer profondément et de rester présents à nous-mêmes.

Nos souffrances comme nos joies passées cohabitent à l'intérieur de nous. Elles ont toutes deux leur place et ne doivent pas être éclipsées. Ce n'est pas à la souffrance qu'il faut mettre fin, mais bien à l'évitement ou au rejet de la souffrance. Certains pensent qu'ils doivent guérir leurs vieux programmes pour éviter de souffrir, mais en réalité, accompagner notre souffrance est beaucoup plus bénéfique pour la totalité de notre être. Il s'agit de laisser la souffrance être et de **l'utiliser** pour faire de nouveaux choix. Nous ne voulons plus laisser notre vulnérabilité et nos souffrances passées dominer inconsciemment notre vie actuelle. En d'autres mots, notre but est de désamorcer nos programmes inconscients et non d'éliminer la vulnérabilité et les souffrances qui sont à l'origine de ces programmes.

Une de mes clientes avait des problèmes avec son fils à qui les médecins avaient prescrit un médicament contre l'hyperactivité. Or, quelqu'un lui avait dit que les parents étaient presque toujours la source des problèmes d'un enfant. Elle a donc renversé la situation et s'est mise à travailler avec des intentions au point zéro. Elle s'est transformée petit à petit en faisant coexister sa peur que son fils tourne mal avec la conviction qu'il aurait un futur béni. Résultat : son fils a tellement changé que la direction de l'école a demandé à sa mère de donner une conférence sur les moyens qu'elle avait utilisés pour lui venir en aide !

Ce point est très important. Pour pouvoir créer des intentions efficaces, nous devons d'abord être en mesure de rester présents à notre partie vulnérable. Cela présuppose aussi de l'accueillir et de rester présents dans notre corps plutôt que de la fuir. Nous avons tendance, dans les moments inconfortables, à nous dissocier de notre corps. Ce mécanisme de fuite s'apprend dans l'enfance car, dans cette période de notre vie, nous ne sommes pas très solidement ancrés dans notre corps et il nous est facile de perdre le contact avec lui. Cependant, une fois devenus adultes, nous ne pouvons pas être présents à notre vulnérabilité si nous sommes dissociés de notre corps.

L'intimité est un espace privilégié pour s'accompagner soi-même. Sans cet accompagnement, la relation est affectée par les jugements, les critiques et la désapprobation. Il est très facile de se sentir critiqué par son partenaire et de croire qu'elle ou il n'est pas là pour nous. En fait, notre partenaire agit à notre égard comme nous agissons envers nous-mêmes. Ce miroir grossissant est l'occasion rêvée de se prendre en main et de s'aimer. Comment l'autre peut-il nous aimer alors que nous manquons tellement d'amour pour nous-mêmes ? L'intimité est avant tout une rencontre avec soi-même. Nous la recherchons tous inconsciemment afin de pouvoir être encore plus présents à nous-mêmes. Nous sommes venus sur terre pour apprendre à s'aimer, à se connaître et à s'épauler. L'autre est notre maître dans cet art. Il ne peut le faire pour nous que si nous le faisons nous-mêmes. Le chemin de l'intimité n'est pas inutile. Chaque étape révèle la clé du retour à soi-même.

Nous aurions tous voulu connaître un grand amour comme celui de Roméo et de Juliette ou de Tristan et Iseult. Or ces grands amoureux sont morts avant même de vivre leur relation au quotidien. Nous ne savons rien de la vie de Cendrillon après son mariage avec le Prince charmant. Nos modèles d'intimité sont nos parents et nos grands-parents. Ils n'ont jamais cherché à conscientiser le miroir qu'est le couple. Nous sommes la première génération qui s'y attarde. Donc au lieu de réagir en disant « Quelle horreur ! Quelle lourdeur ! », nous pouvons penser « Quelle histoire extraordinaire ! ». Force nous est de choisir un nouveau paradigme dans ce contexte. Ce paradigme est celui du point zéro dans lequel nos attentes et nos déceptions coexistent dans notre rapport à l'amour de soi. Si notre couple a besoin d'inspiration, nous allons la commander au lieu d'attendre que l'autre nous la livre sur un plateau d'argent. Pas à pas, au fil de nos erreurs, nous allons finalement saisir comment prendre soin de nous-mêmes et nous aimer tout en étant en relation avec l'autre.

La vie fonctionne en spirale et nous présente périodiquement les thèmes qui nous ont blessés dans l'enfance. Nous sommes sans cesse confrontés aux mêmes scénarios improductifs et, plus nous avançons, plus il devient impératif d'y faire face, de rester présents, de s'accompagner et de faire des choix différents.

Prenons l'exemple de Carmen (nom fictif). Son conjoint n'aimait pas qu'elle sorte sans lui. En se plaçant dans la perspective de la spirale, Carmen a compris que son père non plus n'avait pas le droit d'être libre. Sa mère, une femme dominatrice (comme le mari de Carmen), lui reprochait quotidiennement le temps qu'il passait au travail, avec ses confrères, au golf, etc. Au fil des ans, son père a pris de moins en moins de plaisir à être la maison. Carmen a compris qu'elle transportait le bagage de son père qui n'avait jamais réussi à concilier le plaisir et la liberté avec l'intimité.

Lorsque nous sommes petits, nous avons hâte de devenir grands de sorte que nous imitons nos parents. Carmen a d'abord pris le temps de se libérer des choix qu'elle avait appris de son père pour instaurer ensuite un nouveau modèle au point zéro. En dénouant les liens inconscients qui nous relient au passé, nous pouvons nous tracer un chemin qui n'a pas nécessairement été fréquenté par les acteurs de notre enfance. Pour cela, il faut passer du temps avec nous-mêmes et comprendre ce qui nous ferait plaisir. Pour passer du temps avec soi, il faut se détacher du conflit avec l'autre, retourner le miroir vers soi-même et *choisir* de s'accueillir *tout en* ne sachant pas comment s'aimer.

Lorsque Carmen a remis en question le modèle paternel, je lui ai demandé s'il était possible pour deux adultes d'être libres tout en étant parents. Elle m'a répondu par l'affirmative. Nous avons exploré toutes sortes de façons de mettre fin à son vieux modèle. Exemple : quand son mari ferait une activité pour lui-même, elle l'inviterait à prendre du bon temps. Comme il était incapable de lui souhaiter la pareille, elle a décidé de se le souhaiter à elle-même même si elle avait peur de lui comme son père de sa mère. Ce jour-là, avant de rentrer à la maison, elle a prévenu son enfant intérieur qu'elle voulait avoir une discussion seule avec son conjoint au sujet de son emploi du temps de la soirée et l'a priée d'aller dans une autre pièce. Elle lui a dit : « Quand j'étais petite, j'ai tellement souffert des querelles de mes parents que je ne veux pas que tu restes là en t'attendant à ce que la même situation se reproduise à l'infini. » Et puis elle a affirmé : « *Je choisis* d'être une adulte quand je rentrerai ce soir, *je choisis* de rester dans mon état d'adulte *même si* je ne sais pas comment faire. »

Même les meilleurs couples, même les gens les plus intelligents doivent rester vigilants pour éviter ces scénarios en boucle. La relation de couple nous enseigne comment prendre du recul et faire de nouveaux choix pour éviter de revivre les mêmes scénarios. La confusion mondiale actuelle nous force à remettre en question nos vieux modèles relationnels afin de concevoir un avenir meilleur pour la Terre. Voilà l'avantage d'être conscients. Chaque fois que nous mettons de l'ordre dans nos croyances et nos attitudes, et choisissons des comportements plus conscients au point zéro, nous aidons la société et notre entourage parce que nous émettons une nouvelle fréquence consciente.

Communication vibratoire

La communication est un exemple parfait de fréquence vibratoire. Tout comme l'intention, elle émet un taux vibratoire. Or, comme chaque personne émet sa propre vibration, cela rend la communication difficile. De nos jours, on a beaucoup de mal à être servi convenablement dans les restaurants ou les magasins, mais on peut changer cet état de choses grâce à l'essence. Lorsqu'une personne émet son taux vibratoire essentiel, elle dégage une certaine harmonie qui déclenche une réponse vibratoire particulière. Comme elle ne se remet pas en question personnellement, ses demandes n'engendrent pas de réactions antagonistes. Puisqu'elle est en harmonie avec elle-même peu importe ce qu'elle vit, elle est mieux à même de comprendre la position d'autrui. Elle peut *choisir* de rester dans sa propre fréquence *tout en* la faisant coexister avec celle de l'autre. Ainsi au lieu de critiquer la mauvaise qualité des services, utilisons notre frustration pour commander au point zéro l'amplification de notre fréquence personnelle et choisir la fréquence sur laquelle nous souhaitons communiquer.

Certains modes de communication nous aident à nous retrouver. Certaines personnes ont de la facilité à communiquer dans le cadre de l'enseignement ou de leur travail, ou encore dans une situation d'entraide, dans la solitude ou lors d'une transaction commerciale, par exemple. Dans certains domaines de notre vie, nous sommes davantage en résonance avec nous-mêmes et nous communiquons efficacement. Puis, lorsque nous passons à un autre mode comme celui de l'intimité, les fréquences apprises l'emportent sur notre fréquence essentielle. Ces fréquences acquises au contact de notre environnement créent une distorsion et exacerbent notre interlocuteur sur le plan énergétique. Dans ces moments de turbulence, il est préférable de se retirer quelques secondes pour changer consciemment son taux vibratoire et le remplacer par celui de son essence en utilisant une intention au point zéro. Cela est une excellente manière de recycler l'énergie d'un conflit lié à la communication ou de son sentiment d'impuissance au lieu de se replier sur soi ou de tenir des propos violents !

Des conjoints, à qui je demandais comment ils arrivaient à se parler sans se blesser quand ils n'étaient pas du même avis, m'ont répondu qu'ils s'alignaient sur la même fréquence. Ainsi, leurs opinions divergentes ne perturbaient pas leur taux vibratoire. Ils arrivaient à se comprendre à un niveau fondamental, ce qui atténuait leur discorde mentale ou émotive.

À force d'essayer, nous arriverons à adopter le nouveau paradigme de la communication vibratoire. En choisissant de faire vibrer notre taux essentiel à travers nos paroles, nous inventerons un nouveau mode de relation fondé sur le respect et l'appréciation de nous-mêmes et d'autrui. Nous serons mieux écoutés et mieux entendus. L'intention consciente alliée à un taux vibratoire essentiel constitue sans nul doute la solution aux problèmes de communication. En choisissant non seulement de modifier notre mode de communication mais aussi d'émettre une fréquence précise, nous augmentons nos chances d'être compris et de comprendre les autres. En optant pour un mode de communication vibratoire, nous émettons des ondes qui sont en harmonie avec celles de nos interlocuteurs. Si nous recherchons ce type d'échange vibratoire, nous saurons comment réagir dans une situation déséquilibrée soit en interrompant l'échange soit en le poursuivant.

Il existe d'excellentes techniques de communication qui valent la peine d'être connues. Nous pouvons apprendre à mieux communiquer, mais comme la fréquence de nos communications devance nos paroles, c'est elle qu'il faut modifier.

Grâce à cette approche, nous écouterons et parlerons avec toutes nos cellules. Nous écouterons la vibration de la communication. Nous sentirons cette vibration et les paroles qui sortiront de notre bouche auront un taux vibratoire conscient.

Je trouve que, lorsque la réaction antagoniste des autres me force à modifier mon approche, elle me donne aussi la chance de choisir la réalité que je veux créer. D'abord, c'est avec les autres que je changerai de voie, puis la prochaine étape me ramènera à moi-même. À force de retourner le miroir vers soi, on finit par se voir. C'est alors que naît la véritable compassion. Il n'y a rien de plus puissant que les situations épineuses ou les conflits familiaux pour devenir libre. Dans l'intimité, nous serons confrontés à nous-mêmes bien plus qu'à l'autre. Ce sont nos angoisses profondes bien plus que les blessures de l'autre que nous percevrons. C'est en portant nos blessures, avec vulnérabilité et pas nécessairement avec courage, que nous allons finalement *choisir* de nous aimer et de rester présents à nous-mêmes *même si* nous ne savons pas comment faire ! Petit à petit, cette attention et cette présence nous mèneront jusqu'à notre essence.

Diplôme d'excellence

J"ai conçu le diplôme d'excellence ci-dessous à l'intention de mes clients qui ont décidé de s'accompagner dans leurs blessures afin de pouvoir opérer de nouveaux choix par la suite.

Ce diplôme souligne leur détermination à mieux se connaître et surtout à s'accompagner dans leurs épisodes de noirceur. Je veux célébrer cet exploit. Nous sommes tous liés les uns aux autres, et lorsqu'une personne modifie son comportement, nous en bénéficions tous. C'est pourquoi il faut célébrer cet événement.

Une de mes clientes souffrant d'un cancer du sein m'a avoué qu'elle connaissait la cause émotive de sa maladie, mais qu'elle était incapable de s'accompagner dans sa douleur qui était trop grande. Finalement, elle a résolu d'y faire face en s'accompagnant et cela a marqué le début de sa guérison. Je lui ai donc offert un diplôme d'excellence. Je tenais à la féliciter parce qu'elle avait mis à jour la violence refoulée de son enfance. Lorsqu'elle a réussi à s'accompagner dans sa souffrance, on aurait dit qu'elle venait de déboucher une bouteille de champagne. Petit à petit, elle a fait des liens avec son passé et elle a fini par guérir. Je l'avais prévenue qu'il lui faudrait une bonne dose de bienveillance et de patience envers elle-même. Après ce passage, sa guérison s'est accélérée parce que les choses bougeaient et que ma cliente avait changé de fréquence. Ces moments sont uniques, il faut les célébrer ! Voici à quoi ressemble mon diplôme d'excellence :

Diplome d'excellence

Remis à ______________________________

Pour avoir accepté de ressentir
la douleur causée par une blessure
de l'enfance par rapport à

____

____

tout en restant présent(e) à
lui-même (elle-même).

Signé à ____________________ le ____________________.

Par ______________________________

PARTIE II

LE PROCESSUS DE L'AMOUR DE SOI

Chapitre 9
Les frontières

L'amour de soi

Pour s'aimer, il faut se connaître. Comment pourrions-nous aimer quelqu'un que nous ne connaissons pas ? Mais comment faire pour se connaître ? J'ai compris que, pour nous connaître, nous devions d'abord éliminer tout ce qui n'est pas nous à l'intérieur de notre cercle. Par cercle, j'entends ici notre « bulle » ou champ d'énergie. S'il y a trop de monde au rendez-vous, impossible de nous retrouver. Que ce soit dans notre vie professionnelle ou notre relation, nous aurons plus de facilité à nous aimer si nous ne sommes pas fusionnés avec quelqu'un d'autre.

En fait, la relation de couple idéale est constituée par deux personnes qui choisissent d'être ensemble mais dont le dessein primordial est de s'aimer soi-même. Les partenaires sont alors proches tout en étant distincts. Ils coexistent mais sur des fréquences individuelles. Le seul préalable : un taux vibratoire unique. La grande solitude intérieure vibre sur une fréquence qui nous interpelle, nous calme, nous guérit et nous connecte avec le Tout en nous permettant de coexister avec autrui.

Pour s'aimer, il faut avoir des frontières. Sans frontières, nous sommes toujours portés à nous occuper des autres. Or, le processus de l'amour de soi est un processus personnel qui exige que nous émettions la fréquence de notre essence individuelle. Ceci ne veut pas dire que nous ne nous occuperons plus des autres, mais nous le ferons en faisant vibrer notre fréquence personnelle plutôt que de mêler notre taux vibratoire essentiel à celui de l'autre. Ce croisement de fréquences en produit une troisième qui n'est plus la nôtre.

Un beau jour de printemps, je skiais seule en écoutant de la musique. Pendant les remontées, le soleil me chauffait délicieusement, puis je redescendais les pistes au son d'une musique merveilleuse. J'étais dans un état extatique, me concentrant sur mon essence et mon vide interstitiel dans ces conditions extraordinaires. Tout à coup, j'ai croisé deux skieuses que je connaissais. Elles m'ont regardée sans me voir. Je me suis demandé si je devais les saluer ou non. Je craignais en leur parlant de gâcher mon état de béatitude. Je les entendais bavarder dans le télésiège qui précédait le mien. J'ai alors choisi consciemment de skier avec elles à la condition de pouvoir conserver mon état euphorique. Rendues au sommet, elles sont parties sans me voir. J'avais *émis l'intention*, si je skiais avec elles, de faire coexister ma fréquence avec la leur *même si* je ne savais pas comment faire. J'avais accordé la priorité à cette expérience car je n'étais pas assez sûre de moi pour mêler ma fréquence à la leur. Je savais que je pouvais passer un bon moment avec elles, mais mon état s'en trouverait quand même modifié. C'est pourquoi je les ai vues partir sans regret. Il nous faut de bonnes frontières pour arriver à maintenir le taux vibratoire de notre essence en présence de la vibration de quelqu'un d'autre.

Avoir des frontières ne veut pas dire devenir associable. C'est plutôt l'outil parfait pour choisir un taux vibratoire qui nous convient et le maintenir. En fait, il y a de fortes chances pour que notre cercle d'amis s'élargisse. Ainsi, au lieu de refuser des invitations par peur d'être oppressés par le vécu de certains des convives, nous pourrons, grâce au pouvoir des intentions, *choisir* de clore notre bulle *même si* on ne sait pas comment faire. Nous ne voulons pas d'un amour de soi qui nous isole, mais un sentiment qui nous permette de coexister avec des fréquences différentes de la nôtre.

La loi alchimique de l'Unité et les frontières

Les chemins de l'intimité sont émaillés de pièges fusionnels. L'approche quantique suggère un modèle plus proche du modèle alchimique qui préconise l'Unité plutôt que la fusion. En vertu du concept de l'Unité, nous faisons partie du Tout. Nous communiquons avec le Tout. Nous donnons et recevons du Tout. Le Tout peut nous parler, nous envoyer de l'information et vice versa. Nous sommes en relation avec lui et en lui. Nous faisons **un** avec le Tout, tout en conservant notre individualité et notre propre vibration. En tant que fréquences individualisées, nous sommes une expression de l'Unité. Ceci fait que notre énergie possède sa propre tonalité, sa propre couleur au sein du Tout. Dans la création, tout n'est que fréquence vibratoire. Nous pouvons vibrer sur une fréquence individuelle même si nous faisons partie du Tout. Pour ascensionner, nous devrons apprendre à nous identifier totalement à cette fréquence. Pour cela, il nous faudra d'abord transposer ce modèle quantique dans nos relations *même si* on ne sait pas comment faire.

Supposons que la personne avec qui nous sommes en relation nous procure un sentiment de liberté et d'effervescence. En vertu du principe d'Unité, nous pourrons puiser ces qualités dans le Tout grâce au pouvoir de l'intention sans avoir à maintenir une relation co-dépendante avec cette personne. Sans que cela nous incite à mettre fin à nos relations, nous deviendrons notre propre source de liberté et d'effervescence et accéderons à une nouvelle forme de relation, libre et inspirante.

L'EXERCICE ANTI-FUSION

L'exercice des cordes s'est révélé à moi lorsque mon fils de sept ans se plaignait d'être déprimé. Cela m'a étonnée car nous traversions alors une époque plutôt sereine. Soudain, j'ai compris que cet état d'âme appartenait à son meilleur ami et non à lui. Je lui ai montré comment s'en libérer et, le lendemain, j'ai fait l'exercice des cordes avec son père et lui afin de lui montrer comment reconnaître les signes qui indiquent un parasitage énergétique de notre champ personnel.

Mon fils a clairement senti la différence entre l'inconfort causé par des frontières ouvertes et le bien-être lié aux frontières fermées. Il n'a donc eu aucune difficulté à choisir de refermer ses frontières et de jeter à la poubelle tout ce qui ne lui appartenait pas. Quelques mois plus tard, j'ai observé qu'il se liait plus facilement. Cela m'a amenée à me demander combien d'enfants souffrant de troubles de l'attention ou de difficultés comportementales ou affectives ont simplement des frontières béantes. Désormais, mon fils est capable de prendre une distance saine quand son ami va moins bien.

Lorsque nous avons refait l'exercice avec le reste de la famille et avec nos amis, il a eu des conséquences monumentales. Il nous a permis de défaire des comportements de co-dépendance inconscients de sorte que nous l'avons baptisé l'« exercice anti-fusion ».

Au cours de cet exercice, le ressenti des participants est tellement différent lorsque leur cercle (il s'agit ici du cercle formé par les cordes, qui correspond à leur « bulle » ou champ d'énergie) est ouvert ou fermé qu'ils peuvent coder cette différence et percevoir dans leur corps la différence entre être scellés et ne pas l'être. De plus, lorsqu'ils auront identifié ce qui encombre leur cercle, ils seront en mesure de le dégager. J'ai remarqué que, en général, l'énergie de la personne qui souffre d'une grippe ou d'une autre maladie contagieuse ne déborde pas à l'extérieur de son cercle. Il est possible d'assainir notre espace en reprogrammant notre ADN (voir le protocole no 16 dans le volume *L'ADN Démystifié*) ou en émettant une intention.

Un virus informatique n'a aucun pouvoir comme tel. Il doit d'abord avoir accès aux programmes. Ce virus doit d'abord s'infiltrer dans le réseau pour ensuite brouiller les ondes et infecter le réseau. Il en va de même pour nous. Des miasmes, des vecteurs laissés par un virus de la grippe, par exemple, des parasites ou le bagage émotif de quelqu'un d'autre, envahissent parfois nos réseaux et brouillent notre fréquence. Après avoir identifié ce qui, dans notre cercle, ne nous appartient pas, nous pouvons nous en débarrasser. Ensuite, nous verrons clairement les émotions ou les malaises qui nous appartiennent. Ce faisant, nous pourrons utiliser leurs charges magnétiques pour potentialiser nos intentions et nos commandes.

Avant de vous atteler à la tâche, souvenez-vous que le but de l'exercice des cordes, outre qu'il assainira vos frontières, est d'abord et avant tout de vous conduire vers l'ascension. Nous voulons établir des frontières saines pour pouvoir faire vibrer la fréquence de notre essence en nous sans subir d'interférences. Nous visons l'ascension plutôt que la croissance personnelle.

Exercice 1
LES CORDES (EXERCICE ANTI-FUSION)

Dans cet exercice, un couple ou plusieurs personnes s'assoient par terre sans se toucher. Chaque personne est assise dans un cercle formé par une corde.

1RE PARTIE
CERCLE FERMÉ – CERCLE OUVERT

1. Demandez aux participants de fermer leur cercle en rapprochant les deux extrémités de la corde.
2. Demandez-leur de fermer les yeux et d'inspirer profondément en notant ce qu'ils ressentent dans leur corps et leur cœur. Invitez-les à observer leur respiration.
3. Dites aux participants d'ouvrir leur cercle et de fermer à nouveau les yeux en observant ce qu'ils ressentent dans leur corps et leur coeur. Invitez-les à observer leur respiration et à noter la différence entre les deux états.
4. Demandez-leur de refermer leur cercle quand la situation devient trop inconfortable.

À cette étape, la plupart des gens éprouvent un sentiment d'inconfort – même les jeunes enfants.

2E PARTIE
CERCLE FERMÉ – CERCLE OUVERT : COLLÉS LES UNS AUX AUTRES

1. Invitez les participants à fermer leur cercle en rapprochant les deux extrémités de la corde.
2. Demandez-leur de se rapprocher les uns des autres. Les cercles peuvent se toucher, mais chacun reste dans son cercle fermé.
3. Quand ils sont très proches, dites-leur de fermer les yeux et de respirer profondément en notant ce qu'ils ressentent dans leur corps et leur coeur. Invitez-les à observer leur respiration.

4. Ensuite, demandez-leur d'ouvrir leur cercle en restant très proches les uns des autres, puis de fermer à nouveau les yeux en observant ce qu'ils ressentent dans leur corps et leur coeur. Invitez-les à observer leur respiration et à noter la différence entre les deux états.
5. Demandez-leur de refermer leur cercle quand la situation devient trop inconfortable.

3E PARTIE

CERCLE FERMÉ – CERCLE OUVERT : EN SE DONNANT LA MAIN

1. Invitez les participants à reculer d'environ un mètre en se donnant la main, puis à fermer leur cercle en rapprochant les deux extrémités de la corde.
2. Demandez-leur de fermer les yeux et de respirer profondément en notant ce qu'ils ressentent dans leur corps et leur cœur. Invitez-les à observer leur respiration.
3. Ensuite, dites aux participants d'ouvrir leur cercle en restant très proches les uns des autres, puis de fermer de nouveau les yeux en observant ce qu'ils ressentent dans leur corps et leur cœur. Invitez-les à observer leur respiration et à noter la différence entre les deux états.
4. Dites-leur de refermer leur cercle quand la situation devient trop inconfortable et de se tenir par la main de nouveau.

4E PARTIE

CERCLE FERMÉ – CERCLE OUVERT :
EN ÉCHANGEANT UN COURANT D'AMOUR INCONDITIONNEL

1. Demandez aux participants de reculer d'environ un mètre en se donnant la main, puis de fermer leur cercle en rapprochant les deux extrémités de la corde.
2. Invitez-les à faire circuler un courant d'amour inconditionnel qui sort de leur main droite et revient par leur main gauche. Ils doivent déposez leur main droite, paume vers le bas, dans la main gauche du voisin.

3. Demandez-leur de fermer les yeux et de respirer profondément en notant ce qu'ils ressentent dans leur corps et leur cœurs. Invitez-les à observer leur respiration.
4. Ensuite, dites-leur d'ouvrir leur cercle et de fermer à nouveau les yeux en observant leur capacité d'émettre et de recevoir tout cet amour.
5. Demandez-leur de noter ce qu'ils ressentent dans leur corps et leur coeur. Invitez-les à observer leur respiration et à noter la différence entre les deux états.
6. Dites-leur de refermer leur cercle quand la situation devient trop inconfortable.

Cet exercice est un moyen de ressentir de façon kinesthésique ce que peut être une séparation intime. Au cours d'une formation, l'une des stagiaires a eu une révélation. D'une part, elle a ressenti une profonde bienveillance à l'égard des autres participants lorsqu'elle a émis un courant d'amour inconditionnel alors que les cordes étaient fermées. D'autre part, elle a eu la surprise de découvrir que ce flot d'amour s'est interrompu aussitôt qu'elle a ouvert son cercle !

En général, les participants ont senti que l'énergie était plus fluide quand leur cercle était fermé, que les échanges énergétiques étaient meilleurs et qu'ils avaient plus de facilité à percevoir et à sentir les autres. Une maman, qui se demandait comment on pouvait materner adéquatement en ayant des frontières fermées, a compris que la fermeture de son cercle augmentait, en fait, cette capacité. Certains ont ressenti une grande faiblesse lorsque le cercle était ouvert.

Je vous invite à essayer l'exercice des cordes ouvertes et fermées afin de faire une expérience kinesthésique. La sensation tangible provoquée par l'ouverture ou la fermeture de votre cercle s'inscrira dans vos cellules. Vous pourrez vous référer à cette sensation interne au besoin pour vérifier si vos frontières sont ouvertes ou fermées.

Demandez à tous les participants d'ouvrir leur cercle et de tenir les deux extrémités de la corde dans leurs mains en fermant les yeux. Puis au bout de quelques secondes, demandez-leur de refermer leur cercle. Fermez immédiatement votre cercle, vous remarquerez qu'ils fermeront les leurs tout de suite après. Lorsque nous fermons nos frontières, nous encourageons les autres à le faire aussi.

Souvenez-vous que nous n'avons pas besoin d'être les héros « du cercle fermé ». Il n'est pas nécessaire d'être parfaits ou de comprendre mentalement tout ce que nous avons ressenti. Il se peut que nous éprouvions des sensations équivoques ou un sentiment de vulnérabilité, et que nous ayons besoin d'un moment d'intégration à la suite des quatre exercices. Offrons-nous ce moment ! Il n'est pas toujours facile de réaliser qu'il faut se ramener à soi-même et que se perdre sur le terrain d'autrui nous affaiblit au lieu de nous renforcer. Pour revenir à soi-même, il faut savoir qui on est et comprendre ses besoins. Restons dans le contexte du point zéro en sachant que la question de notre identité peut très bien coexister avec nos doutes.

Il va de soi que nous ne réussirons pas toujours à garder notre cercle fermé. Quels que soient les obstacles, nous pouvons *émettre l'intention* de fermer nos frontières *même si* nous ne savons pas comment faire !

CHAPITRE 10
PROJECTIONS ET INGÉRENCE

AIDER VERSUS SOUTENIR

Lorsque nos enfants, nos amis ou notre conjoint vont mal ou s'ennuient, au lieu de tenter de les aider, nous pourrions simplement reconnaître où ils en sont et leur demander ce qu'ils voudraient faire pour améliorer la situation. Ne pas tenter d'aider, ne rien suggérer. C'est ça le vrai soutien. Essayer de régler les problèmes des autres, ce n'est pas les soutenir. Nos tentatives de les aider ne font qu'ouvrir nos frontières et nous amènent à envahir leur cercle. En soutenant les autres, nous affirmons notre conviction qu'ils sont forts et puissants, et qu'ils ont essentiellement tout ce qui faut pour régler le problème auquel ils doivent faire face.

Il est bien plus facile de soutenir ses clients que ses proches. Au sein d'une même famille, les cercles sont très rapprochés, et les membres, à cause de leur ressemblance génétique, agissent comme des ordinateurs compatibles. On peut transférer des fichiers entre ces ordinateurs sans qu'ils soient reliés par des fils grâce à la technologie de transmission radio BlueTooth. En général, nous pensons qu'il faut nous isoler pour maintenir notre individualité. De fait, plusieurs personnes préfèrent êtres seules plutôt qu'en relation car elles craignent un transfert.

Or, en maintenant nos frontières au point zéro, nous pouvons avoir le beurre et l'argent du beurre. On peut *choisir* de nouer des relations intimes et de préserver notre individualité *même si* on ne sait pas comment faire. Pour bien comprendre ce concept, nous nous attarderons quelques minutes à la loi de l'entraînement et aux projections.

LOI DE L'ENTRAÎNEMENT

Nous connaissons tous des couples dans lesquels l'un des conjoints vit une évolution spirituelle, artistique ou autre tandis que l'autre semble faire du surplace. C'était le cas d'une de mes amies. En examinant la situation sans jugement, nous avons compris que mon amie était polarisée. Son rythme de croissance était bon et celui de son compagnon, **mauvais.** Or, si on applique le modèle quantique à cette observation, on constate qu'elle défie les normes de la matière puisque, en vertu ce modèle, tout coexiste. Il n'y a pas de partenaire supérieur ou inférieur. L'expansion de mon amie et la soi-disant « lenteur » de son conjoint font toutes deux partie de la réalité. Ce constat nous a permis d'ouvrir une brèche dans le modèle standard du couple.

Nous avons analysé sa situation à partir du principe de l'engrenage. Il existe, en physique, une loi extraordinaire appelée **loi de l'entraînement**. En vertu de cette loi, lorsque des forces ou des champs magnétiques sont alignés, les informations circulent entre eux. Si deux éléments placés côte à côte vibrent à des fréquences différentes, celui qui vibre le plus lentement syntonisera sa fréquence avec celle de l'autre par un effet d'entraînement. Par exemple, si on place plusieurs horloges à pendule dans la même pièce, les pendules plus lents, comme sous une influence irrésistible, oscilleront peu à peu à la même vitesse que les pendules plus rapides. En mécanique, l'entraînement est un dispositif qui assure une transmission.

Revenons à mon amie et à son couple. Nous nous sommes demandé pourquoi elle voulait que son conjoint s'adapte à son rythme à elle. Qui a dit qu'avancer plus vite était mieux ? Et finalement, pourquoi faudrait-il adopter la vitesse de croisière la plus rapide ? Dans l'optique du point zéro, cette règle semble excessivement polarisée. La physique quantique a démontré que certaines règles ne se vérifient pas dans toutes les situations. En serait-il ainsi pour la loi de l'entraînement ? Puisque que tout coexiste, peut-on dire que le rythme de mon amie est plus **divin** que celui de son conjoint ? La loi de l'entraînement du plus lent par le plus rapide ne se confirme pas nécessairement dans le modèle quantique, dominé par le concept de la coexistence. Elle offre des possibilités multiples qui fluctuent sans cesse sans qu'aucune ne soit plus vraie qu'une autre. Mon amie et moi avons compris que nous devions trouver un moyen d'entraver la loi de l'entraînement. Ce qui dérangeait mon amie, ce n'était pas le rythme de croissance de son conjoint, mais le fait qu'elle-même était entraînée par sa cadence, plus lente que la sienne. De même, celui-ci était irrité de devoir suivre son rythme à elle.

À la suite d'un remue-méninges, mon amie et moi avons relevé l'émotion suivante : avoir besoin d'être contrôlé. Notre surprise a été grande de constater que, non seulement nous voulions maîtriser le rythme de l'autre, mais que, au plus profond de nous, nous souhaitions également être contrôlés. Nous sommes tiraillés entre des mouvements contradictoires. Même si nous comprenons que leur propre fréquence est appropriée pour eux, nous voulons que nos proches vibrent à notre fréquence afin de ne pas nous laisser entraîner par la leur. Ou nous voulons qu'ils vibrent à une fréquence supérieure à la nôtre pour nous laisser entraîner dans cette fréquence.

Lorsque nous assumons la responsabilité de notre taux vibratoire, nous comprenons qu'il vaut mieux conserver notre essence et notre rythme individuel puisque la longueur d'onde des autres nous est aussi étrangère que la nôtre l'est pour eux. Inconsciemment, nous ferons tout en notre pouvoir pour résister à la loi de l'entraînement : nous quereller, croiser le fer, rivaliser, nous critiquer, tenter de persuader l'autre et ainsi de suite, tout cela, pour pouvoir maintenir notre fréquence, contrôler celle de l'autre ou nous laisser entraîner par la sienne.

LES PROJECTIONS

Il est facile de se perdre de vue et de projeter des films sur les autres plutôt que de rester présent à son histoire personnelle. C'est ce qui arrive quand nous jugeons les autres au lieu de comprendre nos besoins et nos blessures. La meilleure façon d'interrompre ce cycle infernal consiste à diriger nos jugements vers nous-mêmes avec compassion.

J'ai remarqué que de nombreux couples ont des affinités vibratoires, mais aussi des blessures similaires. Tout comme dans les relations parent-enfants, à cause des mémoires transgénérationnelles ou des traumatismes vécus dans l'enfance, leurs blessures résonnent entre elles et créent des malaises lorsque les conjoints sont ensemble. Non seulement on se marie pour le meilleur et pour le pire, mais on est attiré mutuellement par ce qu'il y a de meilleur et de pire en nous. Il se peut que nous détections la blessure de notre conjoint et que celle-ci réveille la nôtre à notre insu. En sa présence, nous ressentons les effets néfastes de cette blessure inconsciente et devenons irrité, fatigué et sur la défensive. Dans ce cas, l'un des conjoints, le premier à détecter la blessure, doit briser la chaîne. Cette responsabilité n'est pas si lourde et il ne faut pas avoir peur de faire les premiers pas. Le conjoint qui le fait agit comme un canal. Rappelons-nous que nos vieilles blessures jouent un rôle important dans la création de notre réalité.

Dans le cadre de ma pratique, j'ai eu le privilège de rencontrer un bon nombre de parents qui ont décidé consciemment de ne plus blâmer leurs enfants et de travailler sur eux-mêmes plutôt que sur ces derniers. Ils ont renoncé à les critiquer pour effectuer plutôt un travail personnel. Ce faisant, ils ont obtenu des résultats spectaculaires avec leurs enfants.

Les blessures de deux membres d'une même famille ou de deux conjoints peuvent résonner d'une manière électromagnétique d'un cerveau à l'autre. Cette résonance ressemble à une onde en forme de huit qui passe d'un cerveau à l'autre. J'ai même déjà rencontré des conjoints qui déclenchaient des crises d'hypoglycémie mutuelles entre eux.

Lorsque nous critiquons notre conjoint ou notre conjointe, nos critiques ont toujours à voir avec des expériences de l'enfance. En fait, nous avons choisi notre partenaire justement parce qu'elle ou il a vécu des expériences similaires. Qui dit conjoint dit intimité, famille, enfance, moment de sa vie où on n'avait pas de pouvoir et où on était tout petit dans un monde d'adultes. Il est facile de vérifier, au moyen de la kinésiologie ou d'une autre méthode, l'âge de la blessure initiale qui est réveillée par le comportement de l'autre. Nous pouvons y revenir consciemment avec nos yeux d'adultes afin de détricoter ce moment d'impuissance et y coller une nouvelle intention. La blessure ne disparaîtra jamais, mais notre intention sera différente. Ces conflits sont stimulés par le contexte de la relation intime et non par la personne que nous aimons. Une fois de plus, nous pouvons *choisir* de nous aimer nous-mêmes au sein de cette relation intime *tout en* acceptant que notre blessure soit réveillée par notre conjoint. Nous cesserons de nous juger et nous nous aimerons *tout en* sachant que nous ne sommes pas parfaits.

Parfois, nos critiques envers autrui traduisent l'inconfort qui est le nôtre lorsque nous sentons que l'autre ne vibre pas à la fréquence de son essence. L'autre agit comme un miroir et cela est insoutenable : nous voulons que l'autre personne s'aligne sur son essence afin qu'il n'y ait plus de frontières, ni de limites de temps ou d'espace. C'est le reflet de notre propre limite que nous critiquons car nous nous sentons alors très loin de notre essence. Or, sa vibration nous est essentielle.

Les intentions que nous émettons doivent toujours être indépendantes d'autrui. Si nous formulons une intention par rapport à une personne précise, nous nous plaçons en situation d'autodéfense, de contrôle et d'ingérence. Dans ce cas, notre intention n'est pas au point zéro et elle ne respecte plus le libre arbitre de l'autre. En formulant une intention au point zéro et en établissant un nouveau programme, je définis de nouvelles frontières. Ces frontières sont saines, car elles émanent de ma volonté **par rapport à moi-même** et constituent mes nouveaux choix. Si, au contraire, mon intention vise une autre personne, je me place dans une position défensive, ce qui sous-entend qu'il y a lieu de me défendre. Or cette impression peut être causée uniquement par mes programmes acquis. Les frontières saines établies au moyen d'une intention au point zéro nous évitent d'avoir à nous défendre parce qu'elles sont extrêmement solides. C'est exactement comme dans les arts martiaux : les vrais maîtres ne se battent presque jamais parce que l'assurance et la force qu'ils dégagent érigent des frontières que les autres sentent et ne franchissent pas.

N'ayons pas peur de l'intimité. Lançons-nous dans la nouvelle intimité quantique, celle qui prône la coexistence. Permettons à l'autre de ressentir un malaise en notre présence et permettons-nous de ressentir le nôtre à l'intérieur de notre cercle fermé.

Nous pouvons être à l'aise en famille, en couple, au travail ou en groupe en soutenant les autres au lieu de les aider et en leur accordant le temps dont ils ont besoin pour compléter leur processus à leur façon. La compassion veut que nous laissions les autres vivre leur vie et que nous nous permettions de douter et de comprendre des choses à notre rythme avec confiance et en ayant foi en nous-mêmes *même si* nous ne savons pas comment faire. En nous soutenant nous-mêmes, nous soutenons les autres et faisons que toute expérience devient sacrée. Nous acceptons que nos proches réveillent nos vieilles blessures et prenons sur nous de conscientiser nos programmes inconscients et codépendants *même si* nous ne savons pas comment faire. Nous individualisons notre démarche et notre rythme de croisière. Lorsque nous nous dissocions du processus de survie et d'adaptation de nos proches, nous revendiquons de plus en plus notre taux vibratoire personnel et progressons vers l'ascension consciente.

Intervenir sans ingérence

Je suis convaincue que nous souffrons d'une forme de dépendance collective qui consiste à nous mêler des affaires des autres ou à vouloir que les autres se mêlent de nos affaires et nous sauvent.

La meilleure façon de comprendre la notion de frontière consiste à arrêter de se mêler des vibrations des autres. Ainsi, nous saisirons plus clairement la nature d'une frontière saine. Si nous essayons d'ériger des frontières, nous risquons de verser dans le perfectionnisme et l'excès, et d'édifier des murs plutôt que des frontières. En apprenant à respecter les frontières des autres, nous comprendrons automatiquement comment gérer les nôtres. Si nous sommes toujours en train de nous mêler des affaires d'une personne, nous occupons son espace vibratoire, lui en bloquant ainsi l'accès. En nous retirant de sa ligne quantique et en lui permettant de faire vibrer sa propre fréquence, nous lui permettons de relancer le mouvement dans sa vie. C'est ainsi qu'au lieu de critiquer l'autre parce qu'il ne bouge pas ou ne modifie pas son comportement opprimant, nous le soutiendrons sans envahir son espace vibratoire afin qu'il puisse l'occuper lui-même.

Il est bien normal de vouloir aider ceux qui souffrent. Mais il doit y avoir une résonance. Notre approche doit être en harmonie avec leur taux vibratoire. Il se peut que ce taux ne leur convienne pas. Nous pouvons annoncer notre disponibilité en les laissant libres d'en tirer parti ou non. Je ne parle pas ici d'une urgence ou d'un traumatisme, mais de circonstances plus ordinaires. Notre désir d'aider est rarement au point zéro mais découle d'un besoin d'être reconnus. En devenant plus conscients du piège que constitue l'ingérence, nous ferons coexister notre disponibilité avec notre désir d'être reconnus sans envahir l'espace de l'autre.

Une de mes clientes se demandait comment materner avec des frontières saines. Un bébé a besoin d'être materné et pouponné. Mais lorsque nous maternons des personnes plus âgées, nous avons tendance à les surprotéger. La différence entre les deux est une question de frontières ouvertes ou fermées. Le maternage compulsif est une force intérieure qui poussait ma cliente à se mêler de la vie d'autrui. Au fond, ce désir compulsif n'est pas de prendre soin des autres mais d'avoir des frontières ouvertes. Ma cliente avait appris inconsciemment qu'avoir des frontières saines équivalait à rejeter les autres. Nous avons tendance à croire que si nous fermons nos frontières, nous serons coupés de nos proches et isolés. Nous croyons que nous n'aurons plus droit à l'amour, ne serons plus choyés, cajolés ou soutenus ou ne pourrons plus traiter nos proches aux petits oignons. Au contraire, des frontières saines sont un gage d'authenticité.

Si notre nature essentielle nous pousse à materner les autres, nous le ferons encore mieux si nos frontières sont fermées. En choisissant de revenir à nous-mêmes et de faire vibrer notre essence, nous pourrons prendre soin des autres sans nous vider ou nous sentir drainés.

Quand une personne offre de prier pour nous, elle s'ingère dans notre vie si nous ne lui avons rien demandé. Quand nous irons mieux, cette personne ne manquera pas d'affirmer que ses prières ont fonctionné ! Dans nos moments de faiblesse ou de transition importante, nous pouvons chercher du soutien, demander aux autres de prier pour nous et accepter de recevoir. Nous ne sommes pas seuls au monde et nous pouvons faire partie de notre communauté en sachant que les autres peuvent prier pour nous. Mais nous faisons aussi partie de la création et pouvons aussi prendre part à notre ressourcement. La meilleure prière que je connaisse est la suivante : *Je bénéficie d'un soutien infini de façon infinie.*

Si une personne de notre entourage refuse nos prières ou l'aide thérapeutique que nous lui offrons, il est bon d'observer nos réactions pour voir si nous nous ingérons ou non. Si nous acceptons son attitude avec une assurance tranquille, nous saurons que nous sommes enfin libres.

Il existe toutes sortes de bonnes raisons de s'ingérer dans les affaires des autres. Exemples : nous savons que nos prières sont efficaces ou nous avons reçu le message d'intervenir en contactant l'âme de la personne ou son corps mental sans sa permission consciente. Certes, nous avons un corps physique, mais nous avons aussi des corps émotionnel, mental et spirituel. Quand nous insistons pour que notre intervention soit acceptée, nous ne sommes peut-être pas en mesure de considérer le rythme des quatre corps et le niveau de conscience de la personne. Au lieu de voir que ses besoins vibratoires ne résonnent pas nécessairement avec notre taux vibratoire, nous pouvons croire que leur individualité nie la nôtre.

Les différents taux vibratoires de nos interventions

Imaginons un tableau comportant une série de rayons lumineux qui, chacun, vibrent à une fréquence différente. L'un des rayons a la vibration des motards, l'autre celui des étudiants en théâtre, le suivant, celui des mamans qui viennent d'accoucher, etc. Notre planète est peuplée par toutes sortes de gens.

Parfois, nos vies parallèles se croisent mais, le plus souvent, elles coexistent tout simplement.

Notre approche thérapeutique est une vibration, elle aussi. En voulant trop aider une personne, il se peut que nous imposions une vibration à un rayon qui n'est pas en harmonie avec le taux vibratoire de cette personne. Un motard qui n'a pas de bébé ne répondra pas à la même approche qu'une maman qui vient d'accoucher. Pourtant, selon les lois de la coexistence, aucun rayon n'est meilleur que l'autre – tout est question de choix et de résonance.

Il ne s'agit pas de sauver les autres, mais de maintenir une fréquence. Lorsque je maintiens la fréquence de l'amour de moi-même, d'un paisible sentiment de puissance, j'émets une vibration avec laquelle d'autres personnes qui vibrent sur une fréquence semblable peuvent résonner. L'heure de sauver les autres est passée. L'heure de la guérison est passée. Nous sommes à l'heure des fréquences. Notre travail consiste à maintenir la fréquence de notre essence et de l'amour de soi *même si* nous ne savons pas comment faire.

Au lieu de parler des autres, de ce qu'ils font dans la vie et de ce qu'ils possèdent, nous pourrons expliquer comment nous avons réussi à faire vibrer notre essence en leur compagnie. Les conversations deviendront tellement plus intéressantes. Au lieu de parler de disharmonie vibratoire, nous parlerons de tonalités en parfait accord peu importe les situations. Nous ne parlerons plus des autres mais de nous-mêmes. Nous ne parlerons plus de nos blessures mais du chemin parcouru par rapport à l'essence. Notre spiritualité deviendra celle de l'Unité essentielle. Notre histoire sera celle de notre accord vibratoire avec les autres et avec nous-mêmes.

Quand une personne vibre à la fréquence de son essence, il est impossible de la manipuler. Elle ne peut plus jouer un rôle de victime ni être envahie par les autres. Cela est impossible parce qu'elle ne vibre plus sur la fréquence de l'autre. Elle se sentira envahie uniquement si elle se trouve sur une autre voie que la sienne.

Nous n'avons jamais réussi le tour de force qui consiste à maintenir notre fréquence au sein d'un monde physique polarisé. Aujourd'hui, grâce au nouveau paradigme du point zéro, nous avons la chance de faire cette expérience et d'être les moteurs de cette révolution. Il ne faut pas essayer d'ajuster notre fréquence de manière à aider le plus de gens possible. Au contraire, nous devons rester intègres et maintenir notre taux vibratoire essentiel tout en permettant à l'autre d'exister à côté de nous avec son taux personnel. Cette coexistence est l'expression profonde de notre bien-être mutuel. Le but d'exister, c'est **d'être bien dans sa peau** *tout en* permettant à l'autre d'exister et de vibrer à une fréquence qui lui convient *tout en* étant **bien dans sa vibration!** Tant que nous cherchons à sauver les autres, nous ne sommes pas vraiment bien dans notre peau; nous sommes polarisés et avons dévié du point zéro. Notre cercle est ouvert, nous ne sommes pas branchés sur notre fréquence – nous nous ingérons dans la vie des autres pour qu'ils vibrent à notre fréquence au lieu de nous contenter d'émettre notre fréquence propre.

Ce concept de l'ingérence est si subtil, si insidieux et si pavé de bonnes intentions (polarisées !) que j'ai mis au point un exercice qui nous aidera à mieux le discerner et l'intégrer.

Cet exercice constitue un pas primordial dans le processus de l'amour de soi et des frontières saines. Pour ascensionner, nous devons, entre autres, faire vibrer tout notre être à notre fréquence essentielle. Comment pouvons-nous y arriver si nous sommes occupés à remplir l'espace des autres avec notre propre fréquence ? Si nous restons dans notre espace, nous conserverons notre intégrité vibratoire.

Quand Jésus a dit ce que j'ai fait tout homme peut le faire, il nous encourageait à nous identifier nous aussi à notre onde vibratoire essentielle de manière à pouvoir ascensionner. Malheureusement, le sens de son message nous a échappé et nous avons tendance à penser qu'il faut vibrer à la fréquence du Christ pour être sauvés. Si les fréquences de Krishna, de Jésus ou de Bouddha étaient les seules qui existaient dans la création, ce serait très banal. Or, chacun d'entre nous possède une fréquence individuelle remarquable. En épurant notre espace vibratoire à travers nos frontières, nous arriverons à manifester cette unicité. Imaginons le plaisir d'une rencontre où chacun émet son taux vibratoire sans influencer celui de l'autre. De cette intégrité vibratoire naît l'amour inconditionnel. Nous serons ainsi des gouttes dans l'océan qui gardent leur individualité en recevant du Tout et en donnant au Tout. L'érection de frontières saines alliée à nos intentions au point zéro nous ouvrira tout grand les portes des anciens secrets alchimiques.

Prenez le temps de réfléchir, puis répondez aux questions qui suivent par oui ou par non, ou utilisez d'autres moyens intuitifs comme la kinésiologie ou le pendule. Ces questions sont conçues pour susciter la réflexion et vous permettront d'approfondir vos pensées.

Exercice 2
PERMETTRE UNE INTERVENTION SANS INGÉRENCE VIBRATOIRE

Vous pouvez utiliser cet exercice pour vous-mêmes ou comme outil thérapeutique.

Après avoir répondu aux questions ci-dessous et établi votre profil individuel, vous aurez le choix entre divers outils comme la prière, la méditation ou la reprogrammation de l'ADN pour remettre la situation au point zéro.

Si vous choisissez la reprogrammation de l'ADN, testez toutes les questions ci-dessous pour voir si vous obtenez un oui ou un non. Ensuite, vérifiez combien de protocoles, vous devez installer pour mettre ces questions au point zéro. (Voir L'ADN Démystifié *et* L'ADN et le Choix Quantique.*)*

1. VÉRIFIER si la personne peut faire vibrer sa propre fréquence individuelle et aider :

A. sans s'ingérer dans la vie de l'autre;
B. sans se sentir responsable de la conclusion du processus de l'autre;
C. sans se sentir coupable face à la conclusion du processus de l'autre;
D. au point zéro sans chercher à convaincre l'autre;
E. sans vouloir orienter l'autre vers une conclusion autre que la sienne propre;
F. en ayant la permission consciente de l'autre;
G. sans occuper l'espace vibratoire de l'autre;
H. en restant dans son espace vibratoire;
I. tout en conservant son intégrité
  a. émotionnelle
  b. mentale
  c. spirituelle
  d. vibratoire
  e. autre
J. au point zéro sans rivaliser avec l'autre;
K. autre.

2. VÉRIFIER si la personne peut faire vibrer sa propre fréquence individuelle et conseiller :

A. sans s'ingérer dans la vie de l'autre;
B. sans se sentir responsable de la conclusion du processus de l'autre;
C. sans se sentir coupable face à la conclusion du processus de l'autre;
D. au point zéro sans chercher à convaincre l'autre;
E. sans vouloir orienter l'autre vers une conclusion autre que la sienne propre;
F. en ayant la permission consciente de l'autre;
G. sans occuper l'espace vibratoire de l'autre;
H. en restant dans son espace vibratoire;
I. tout en conservant son intégrité
- **a.** émotionnelle
- **b.** mentale
- **c.** spirituelle
- **d.** vibratoire
- **e.** autre

J. au point zéro sans rivaliser avec l'autre;
K. autre.

3. VÉRIFIER si la personne peut faire vibrer sa propre fréquence individuelle et intervenir :

A. sans s'ingérer dans la vie de l'autre;
B. sans se sentir responsable de la conclusion du processus de l'autre;
C. sans se sentir coupable face à la conclusion du processus de l'autre;
D. au point zéro sans chercher à convaincre l'autre;
E. sans vouloir orienter l'autre vers une conclusion autre que la sienne propre;
F. en ayant la permission consciente de l'autre;
G. sans occuper l'espace vibratoire de l'autre;
H. en restant dans son espace vibratoire;
I. tout en conservant son intégrité
- **a.** émotionnelle
- **b.** mentale
- **c.** spirituelle
- **d.** vibratoire
- **e.** autre

J. au point zéro sans rivaliser avec l'autre;

K. autre.

4. VÉRIFIER si la personne peut faire vibrer sa propre fréquence individuelle et materner :

A. sans s'ingérer dans la vie de l'autre;

B. sans se sentir responsable de la conclusion du processus de l'autre;

C. sans se sentir coupable face à la conclusion du processus de l'autre;

D. au point zéro sans chercher à convaincre l'autre;

E. sans vouloir orienter l'autre vers une conclusion autre que la sienne propre;

F. en ayant la permission consciente de l'autre;

G. sans occuper l'espace vibratoire de l'autre;

H. en restant dans son espace vibratoire;

I. tout en conservant son intégrité

- **a.** émotionnelle
- **b.** mentale
- **c.** spirituelle
- **d.** vibratoire
- **e.** autre

J. au point zéro sans rivaliser avec l'autre;

K. autre.

5. VÉRIFIER si la personne peut faire vibrer sa propre fréquence individuelle et écouter :

A. sans s'ingérer dans la vie de l'autre;

B. sans se sentir responsable de la conclusion du processus de l'autre;

C. sans se sentir coupable face à la conclusion du processus de l'autre;

D. au point zéro sans chercher à convaincre l'autre;

E. sans vouloir orienter l'autre vers une conclusion autre que la sienne propre;

F. en ayant la permission consciente de l'autre;

G. sans occuper l'espace vibratoire de l'autre;

H. en restant dans son espace vibratoire;

I. tout en conservant son intégrité
  - **a.** émotionnelle
  - **b.** mentale
  - **c.** spirituelle
  - **d.** vibratoire
  - **e.** autre

J. au point zéro sans rivaliser avec l'autre;
K. autre.

6. VÉRIFIER si la personne peut faire vibrer sa propre fréquence individuelle et reprogrammer l'ADN :

A. sans s'ingérer dans la vie de l'autre;
B. sans se sentir responsable de la conclusion du processus de l'autre;
C. sans se sentir coupable face à la conclusion du processus de l'autre;
D. au point zéro sans chercher à convaincre l'autre;
E. sans vouloir orienter l'autre vers une conclusion autre que la sienne propre;
F. en ayant la permission consciente de l'autre;
G. sans occuper l'espace vibratoire de l'autre;
H. en restant dans son espace vibratoire;
I. tout en conservant son intégrité
  - **a.** émotionnelle
  - **b.** mentale
  - **c.** spirituelle
  - **d.** vibratoire
  - **e.** autre

J. au point zéro sans rivaliser avec l'autre;
K. autre.

7. VÉRIFIER si la personne peut faire vibrer sa propre fréquence individuelle et être en relation avec l'autre :

A. sans s'ingérer dans la vie de l'autre;
B. sans se sentir responsable de la conclusion du processus de l'autre;
C. sans se sentir coupable face à la conclusion du processus de l'autre;

D. au point zéro sans chercher à convaincre l'autre;

E. sans vouloir orienter l'autre vers une conclusion autre que la sienne propre;

F. en ayant la permission consciente de l'autre;

G. sans occuper l'espace vibratoire de l'autre;

H. en restant dans son espace vibratoire;

I. tout en conservant son intégrité

- **a.** émotionnelle
- **b.** mentale
- **c.** spirituelle
- **d.** vibratoire
- **e.** autre

J. au point zéro sans rivaliser avec l'autre;

K. autre.

8. VÉRIFIER si la personne peut faire vibrer sa propre fréquence individuelle et travailler avec autrui :

A. sans s'ingérer dans la vie de l'autre;

B. sans se sentir responsable de la conclusion du processus de l'autre;

C. sans se sentir coupable face à la conclusion du processus de l'autre;

D. au point zéro sans chercher à convaincre l'autre;

E. sans vouloir orienter l'autre vers une conclusion autre que la sienne propre;

F. en ayant la permission consciente de l'autre;

G. sans occuper l'espace vibratoire de l'autre;

H. en restant dans son espace vibratoire;

I. tout en conservant son intégrité

- **a.** émotionnelle
- **b.** mentale
- **c.** spirituelle
- **d.** vibratoire
- **e.** autre

J. au point zéro sans rivaliser avec l'autre;

K. autre.

9. VÉRIFIER si la personne peut faire vibrer sa propre fréquence individuelle et soigner :

A. sans s'ingérer dans la vie de l'autre;
B. sans se sentir responsable de la conclusion du processus de l'autre;
C. sans se sentir coupable face à la conclusion du processus de l'autre;
D. au point zéro sans chercher à convaincre l'autre;
E. sans vouloir orienter l'autre vers une conclusion autre que la sienne propre;
F. en ayant la permission consciente de l'autre;
G. sans occuper l'espace vibratoire de l'autre;
H. en restant dans son espace vibratoire;
I. tout en conservant son intégrité
- **a.** émotionnelle
- **b.** mentale
- **c.** spirituelle
- **d.** vibratoire
- **e.** autre

J. au point zéro sans rivaliser avec l'autre;
K. autre.

10. VÉRIFIER si la personne peut faire vibrer sa propre fréquence individuelle et un autre état/occupation à identifier (aimer, diriger un orchestre, enseigner, etc.) Cet état ou cette occupation nécessite que la personne soit en relation avec quelqu'un d'autre. Si vous n'avez pas d'autre exemple, passez au point suivant.

A. sans s'ingérer dans la vie de l'autre;
B. sans se sentir responsable de la conclusion du processus de l'autre;
C. sans se sentir coupable face à la conclusion du processus de l'autre;
D. au point zéro sans chercher à convaincre l'autre;
E. sans vouloir orienter l'autre vers une conclusion autre que la sienne propre;
F. en ayant la permission consciente de l'autre;
G. sans occuper l'espace vibratoire de l'autre;
H. en restant dans son espace vibratoire;

I. tout en conservant son intégrité
  a. émotionnelle
  b. mentale
  c. spirituelle
  d. vibratoire
  e. autre
J. au point zéro sans rivaliser avec l'autre;
K. autre.

11. VÉRIFIER si la personne possède le programme génétique nécessaire pour :
A. comprendre les autres;
B. savoir que l'expérience des autres peut être différente de la sienne;
C. accepter que l'expérience des autres puisse être différente de la sienne;
D. être au point zéro par rapport à cette différence;
E. permettre à l'autre personne de vivre ses expériences à son rythme sans la juger;
F. accepter la vitesse avec laquelle l'autre progresse;
G. accepter la vitesse de la fréquence de l'autre;
H. accepter la différence entre sa fréquence vibratoire et celle de l'autre;
I. accepter l'essence de l'autre;
J. autre.

12. VÉRIFIER si les conclusions de la personne, lors d'une intervention, sont au point zéro, si elles collent à la réalité de l'autre ou si elles sont polarisées et plus appropriées à son expérience personnelle qu'à celle de l'autre.

13. VÉRIFIEZ si vous devez refaire les étapes précédentes en remplaçant « l'autre » par le nom d'une personne en particulier de votre entourage. Imaginons, par exemple que vous travaillez dans un bureau sous l'égide d'un patron qui a une influence puissante sur son équipe. Dès que vous pénétrez dans le bureau, vous lui donnez automatiquement la permission de gérer votre espace vibratoire. Le but est d'arriver à faire partie de cette équipe de travail sans avoir à subir un changement de fréquence pour vous adapter à celle du patron.

Voici ce qu'une de mes étudiantes m'a écrit à la suite de cet exercice :

« Dans la nuit du dimanche où j'ai suivi le cours, j'ai fait un rêve assez spécial dans lequel une personne exprimait une violente colère. Je n'ai pas tout de suite compris le sens de ce rêve que j'ai trouvé désagréable après la magnifique fin de semaine que je venais de passer.

Le lendemain matin, j'ai appris que ma belle-sœur était décédée vers 23 h 30 la veille. J'ai aussitôt compris que c'est elle qui m'était apparue en rêve. Je ne la connais pas beaucoup car elle vit loin de nous. J'ai raconté mon rêve à mon conjoint qui m'a dit : « Après tout ce qu'elle a vécu, je ne serais pas étonné qu'elle ressente autant de colère. »

Peu de temps après, j'ai eu l'impulsion de faire jouer l'Ave Te Deum pour ma belle-soeur. J'ai laissé couler mes larmes, qui n'étaient pas des larmes de tristesse. Bien que l'ayant très peu connue, je débordais d'amour pour elle. Je dirais même que l'amour que je ressentais était proportionnel à la colère que j'avais sentie en elle dans mon rêve. On aurait dit que c'était justement de cet amour qu'elle avait besoin actuellement. Contrairement aux autres fois où j'ai ressenti de puissants élans de joie ou d'amour à l'intérieur de moi, mon corps ne s'est pas mis à trembler. Ni mon corps ni mes pensées n'ont été troublés pendant le restant de la journée. J'ai vécu ce moment paisiblement tout en sachant que la vie continuait et que je ne me fondais pas dans l'autre. Nous étions deux entités distinctes qui avons partagé un moment inoubliable...

J'ignore s'il s'agit d'un hasard (en fait, je ne crois pas au hasard !) ou si les protocoles ont déjà commencé à produire un effet, mais cette expérience a été beaucoup plus facile à vivre que d'habitude.

Merci à toi Kishori et merci à mon Essence !

Dominique T.

Chapitre 11
Les besoins

Pour s'aimer, il faut revenir à son essence et pour reconnaître son essence, il faut se connaître. Une façon de mieux se connaître consiste à connaître ses besoins. Chaque personne a des besoins propres. Les besoins sont aussi uniques à une personne que sa fréquence vibratoire. Quand j'utilise le mot « besoin », je ne parle pas de désir. Le désir est l'envie d'obtenir ou de posséder quelque chose tandis que le besoin est une nécessité naturelle.

Si les besoins diffèrent d'un individu à l'autre, notre réaction face à nos besoins est souvent similaire. La plupart d'entre nous ont tendance à remettre en question leurs besoins affectifs et leurs réactions émotives. De plus, nous sommes coupés de nos besoins physiques par la publicité et par différentes modes qui nous imposent de faux besoins et des façons de les combler au lieu de nous montrer à écouter notre corps et à suivre notre intelligence innée.

Les humains n'éprouvent pas que des besoins physiques et affectifs, ils ont aussi des besoins intellectuels et spirituels. Ceux-ci ne sont pas aussi palpables, mais il suffit de se rappeler à quel point une vie dénuée d'inspiration est ennuyeuse pour conclure à l'importance de satisfaire ces besoins-là aussi. Pourquoi avoir honte de nos besoins affectifs comme les besoins de reconnaissance et de notoriété, par exemple ? Nous possédons une fréquence lumineuse tout à fait individuelle et unique. Nous avons besoin que cette fréquence unique soit reconnue. La plupart de nos besoins naissent inconsciemment de notre désir de nous identifier avec notre essence. Ils ne sont pas là pour nous humilier ou nous dégrader, mais pour nous individualiser.

L'enfant a besoin, pour se développer, d'être traité d'une manière adéquate et de vivre dans un contexte adapté à ses dispositions naturelles. Cela est aussi nécessaire chez les adultes, qui continuent d'éprouver les quatre types de besoins mentionnés plus haut. La différence réside dans la manière dont nous satisfaisons ces besoins. Bon nombre de mes clients se plaignent du fait que leur conjoint, leurs amis ou leurs confrères ne s'occupent pas de leurs besoins. Cependant, j'ai remarqué également que, quand une personne veille à satisfaire ses besoins d'une façon saine et aisée, son entourage appuie pleinement cette tendance. Une personne comblée attire le soutien et la sympathie. Une personne qui s'oublie ou ne se connaît pas, qui n'arrive pas à satisfaire ses besoins et compte sur ses proches pour le faire, se heurtera à des conflits et des problèmes. Attendre des autres qu'ils prennent soin de nous à notre place ne peut qu'entraîner de la résistance et des anicroches. Les autres aussi doivent clarifier leurs intentions et vivre leur vie quelle que soit leur situation personnelle. Tout comme nous, ils font face au manque d'amour de soi, à des programmes qui s'activent par défaut et à un sentiment d'impuissance. Comment pourraient-ils se charger de notre vie et répondre à nos besoins pour nous ? Ils ont assez à faire avec la leur. Au fond, c'est leur soutien qui nous aide.

En effet, le soutien des autres confirme que nous avons la capacité de prendre soin de nous-mêmes. Pour appliquer cette théorie, le seul moyen consiste à *émettre l'intention* de nous occuper de nos besoins *même si* nous ne savons pas comment faire. Sinon, il est préférable que nous évitions de nous lancer dans de nouveaux projets car nous serons toujours en attente de quelque chose. Avant de prendre une décision, arrêtons-nous un moment pour être certains que notre intention initiale tient compte de nos besoins. Cessons d'avoir honte de nos besoins et comprenons qu'ils constituent un atout et contribuent à notre succès.

Il est primordial que nous portions une attention constante à nos besoins. Supposons que des parents aident leur enfant à faire ses devoirs une semaine sur deux ou de manière épisodique. L'enfant ne reçoit pas un soutien constant, et il est certain que son rendement scolaire en souffrira. Une attention quotidienne stable peut, en dépit de nos besoins fluctuants et de nos blessures affectives, instaurer en nous un état de paix et de certitude. Dans ce contexte, nous pourrons rechercher une aide professionnelle au besoin sans devenir codépendants. Nous ne viserons plus une guérison miraculeuse et serons libérés de notre perfectionnisme. Petit à petit, nous développerons un réflexe qui fera fi de la culpabilité liée au fait d'être une personne imparfaite éprouvant des besoins précis.

Il est possible de s'occuper de ses besoins sans éprouver de stress. Il s'agit de répondre à nos besoins en accueillant ce que nous sommes et en faisant preuve de bienveillance envers nous-mêmes; de nous brancher sur la tonalité de notre essence plutôt que d'élaborer sans fin de nouveaux stratagèmes pour prendre en compte nos besoins; d'intégrer à cette équation nos déceptions ou les obstacles qui se dresseront sur notre chemin. Et les jours où nous avons du mal à être à l'écoute de nos besoins, nous accepterons notre incapacité à être présents à nous-mêmes. Nous redirigerons toute notre attention vers l'acceptation de nous-mêmes. Prendre soin de nous deviendra un état naturel plutôt qu'un fait extraordinaire.

Le chemin de la conscience sur la Terre comporte bien des embûches. Si tous nos besoins ne sont pas comblés, nous risquons de flancher. Nous sommes humains et l'expérience terrestre n'est pas toujours une sinécure. Il faut apprendre à respecter et à inclure ce qui est naturel. Si nous flanchons, nous ne voudrons même pas ascensionner. En développant une attitude au point zéro dans laquelle notre côté spirituel dénué de besoins humains coexiste avec notre côté bien charnel, nous réussirons à englober tout ce que nous sommes dans un même processus conscient. C'est pourquoi je vous incite à descendre au plus profond de vous pour découvrir les nécessités naturelles qui vous sont propres et qui en quelque sorte vous définissent.

Pour nous aider à mieux identifier notre manière de répondre à nos besoins, j'ai dressé une liste de questions auxquelles il s'agit de répondre par oui ou par non. Surtout, ne jugez pas vos réponses. Le but de cet exercice est simplement d'établir un portrait de vos réactions. Les réponses à ce questionnaire différeront d'une personne à l'autre, mais chacun peut atteindre un point d'équilibre. L'exercice vous aidera à reconnaître vos besoins par rapport à un projet ou une situation particulière de manière à formuler une intention percutante par la suite.

Exercice 3
IDENTIFIER SES BESOINS

Vous pouvez utiliser cet exercice pour vous-mêmes ou comme outil thérapeutique.

Après avoir répondu aux questions ci-dessous et établi votre profil individuel, vous aurez le choix entre divers outils comme la prière, la méditation ou la reprogrammation de l'ADN pour remettre la situation au point zéro.

Si vous choisissez la reprogrammation de l'ADN, testez toutes les questions ci-dessous pour voir si vous obtenez un oui ou un non. Ensuite, vérifiez combien de protocoles, vous devez installer pour mettre ces questions au point zéro. (Voir L'ADN Démystifié *et* L'ADN et le Choix Quantique.*)*

Vous pouvez faire cet exercice à propos d'une situation précise. Dans ce cas, préciser de quelle situation il s'agit.

VÉRIFIER si, lorsque la personne doit s'occuper de ses besoins spécifiques, elle :

1. pense qu'elle va mourir;
2. trouve cela exigeant;
3. sait qu'elle existe;
4. sait qu'elle est importante;
5. se sent bénie;
6. peut vivre une expansion tout en respectant ses besoins;
7. sait comment satisfaire ses besoins aisément et simplement;
8. sait que si tout le monde satisfait ses propres besoins, le résultat sera harmonieux;
9. peut s'occuper de ses besoins de façon continue et permanente;
10. peut se fixer des buts qui tiennent compte de ses besoins;
11. fait face à un blocage émotionnel, mental ou spirituel;
12. peut rester ouverte aux autres;
    Exemple : elle pourrait dire, si on lui demande de faire quelque chose

dont elle n'a pas envie : « Votre idée est séduisante, mais le moment est mal choisi pour moi. »

13. peut prendre plaisir à s'occuper de ses besoins;

14. accepte difficilement que les autres s'occupent de leurs besoins tandis qu'elle-même ne le fait pas;

15. s'occupe des besoins d'autrui pour ne pas avoir à s'occuper des siens;

16. peut s'aimer quand elle s'occupe de ses besoins tout en :

- **a.** éprouvant de la rancune;
- **b.** boudant;
- **c.** étant triste;
- **d.** étant en colère,
- **e.** se sentant isolé;
- **f.** revivant des épisodes de violence, d'abus ou autre (à quel âge ?);
- **g.** sortant du moment présent;
- **h.** ayant peur de manquer de quelque chose;
- **i.** se justifiant;
- **j.** étant malade;
- **k.** souffrant d'un déséquilibre hormonal;
- **l.** souffrant d'un déséquilibre structural;
- **m.** souffrant d'un autre déséquilibre;
- **n.** attribuant aux autres les mêmes besoins (transfert);
- **o.** étant stressée;
- **p.** se détestant;
- **q.** ayant honte;
- **r.** étant blessée.

VÉRIFIER si la personne peut s'occuper d'elle-même quand quelqu'un d'autre éprouve un besoin :

1. sans se sentir coupable;

2. sans sentir qu'elle l'abandonne;

3. en sachant qu'elle a fait tout ce qu'elle pouvait;

4. en soutenant l'autre plutôt qu'en l'aidant;

5. en sachant qu'elle a donné tout ce qu'elle pouvait;

6. sans critiquer les besoins des autres;
7. en sachant qu'elle peut refuser de s'occuper des besoins d'autrui;
8. en sachant qu'elle peut prendre un moment avant d'acquiescer aux demandes d'autrui sans se sentir coupable;
9. en sachant que son approche ne résonne pas avec la fréquence de cette personne.

LES INTENTIONS ET LES BESOINS

Nous avons remarqué, mes étudiants et moi-même, que le pouvoir des intentions au point zéro est exponentiel. Les intentions au point zéro ont une efficacité redoutable. La partie la plus compliquée n'est pas d'émettre une intention au point zéro, mais de déterminer la bonne intention. J'ai réalisé que le secret d'une bonne intention réside au cœur de nos besoins. À partir de maintenant, nous émettrons des intentions fondées sur nos besoins. Une cliente qui voulait embrasser une carrière artistique s'est lancée dans cette voie avec toute sa passion et sa créativité. Au bout de quelque temps, elle a dû mettre un frein à son projet. Elle était fatiguée, n'arrivait pas à joindre les deux bouts, n'avait plus de temps pour elle-même, et ainsi de suite. Même le meilleur projet, s'il ne tient pas compte de nos besoins, est voué au ralentissement ou à l'échec.

En vertu de certains courants de pensée, nos besoins sont une entrave à notre évolution. Nous sommes humains et c'est en tant que tels que nous vivrons l'expérience de l'ascension consciente. Cessons de craindre notre humanité. Nous sommes venus sur Terre pour expérimenter la dualité, la mettre au point zéro et apprendre à commander ce que nous voulons. Dès lors que l'on comprend comment tirer parti des schémas destructifs de la dualité, on n'est plus enchaîné à ces schémas. L'être humain qui est bien ancré dans son essence utilise ses besoins pour s'exprimer avec assurance au sein de la dualité. La fréquence planétaire actuelle nous incite à adopter la fréquence de l'amour dans la dualité et non pas à la nier. Voilà la nouvelle spiritualité. Elle a trait à la création d'une nouvelle fréquence. Le nouveau paradigme consiste à intégrer la pensée binaire et à entrer dans le point zéro, à accéder à nos blocages inconscients en leur donnant leur juste place et à laisser tomber nos jugements.

Notre objectif est de développer une attitude de soutien et de responsabilité vis-à-vis de nous-mêmes. Comme nous l'avons vu plus haut, au lieu d'aider une personne faible et incompétente, il vaut mieux lui communiquer notre conviction qu'elle trouvera la solution parfaite pour elle-même, qu'elle est capable de répondre à ses besoins. Nous devons adopter la même attitude pour nous-mêmes. C'est pour nous libérer de notre dépendance affective, physique, mentale et spirituelle que nous voulons accéder au pouvoir de l'intention – aujourd'hui, *je choisis* de vivre en harmonie avec mes besoins *même si* je ne sais pas comment faire.

De même que la faim disparaît après un bon repas, nos besoins deviennent invisibles lorsqu'ils sont comblés. Pour parvenir à ce but, nous devons adopter une nouvelle attitude face à nos besoins. Une plante a besoin d'eau et nous n'en achèterions pas si nous n'avions pas l'intention de les arroser. Au point zéro, il est possible de faire coexister la tendance à censurer ses besoins avec la responsabilité envers soi-même. Au lieu de toujours réagir de la même façon à nos besoins qui, eux, fluctuent constamment, il s'agit de développer une attitude constante face à eux. Ainsi, au lieu d'émettre l'intention d'avoir du temps pour nous-mêmes ou de pouvoir combler nos besoins, *nous choisirons* de vivre dans un état d'accueil permanent de nous-mêmes et de nos envies *même si* nous ne savons pas comment faire.

Prenons l'habitude de réagir d'une manière naturelle face à nos besoins en développant une relation constante avec eux. Supposons qu'un jour j'ai besoin de rester tranquille : je maintiendrai la fréquence de mon essence dans le non-faire. Si, le lendemain, j'ai une journée bien remplie, je maintiendrai la fréquence de mon essence dans l'action. Il faut que notre relation face à nos besoins devienne aussi naturelle que celle que nous aspirons à développer avec notre essence individuelle. C'est un peu comme se marier avec soi-même : nous nous promettons de nous aimer pour le meilleur et pour le pire. Nous faisons le vœu de nous chérir et de nous honorer dans la joie et la tristesse, dans la richesse et la pauvreté, dans la santé et la maladie. Nous promettons solennellement d'être notre propre soutien.

Prenons l'exemple d'un étudiant prénommé André. Tous les lundis matins, André a beaucoup de difficulté à reprendre le rythme scolaire. Il pourrait *émettre l'intention* que le retour au cégep soit facile *même s'il* ne sait pas comment faire, mais nous voulons trouver une intention plus percutante. C'est pourquoi nous avons dressé une liste des besoins d'André lorsqu'il reprend sa vie d'étudiant. La voici :

voir mes amis
être à jour dans mon travail scolaire
être calme
avoir de l'énergie
faire de nouvelles expériences
prendre des initiatives
apprendre
exercer ma créativité
garder l'esprit ouvert
être inspiré

Ensuite, André a dû choisir le besoin qui lui semblait prioritaire. Ce besoin étant « l'inspiration », il a donc formulé l'intention suivante : « *Je choisis* d'être inspiré quand je suis au cégep *tout en* m'ennuyant. » Cette intention exprime clairement un besoin personnel d'André.

J'ai refait cet exercice avec une autre cliente, Mélanie, dont les responsabilités professionnelles s'étaient alourdies et, ensemble, nous avons dressé la liste des besoins ci-dessous :

plaisir
liberté
santé
équilibre

Les besoins prédominants de Mélanie étaient « la liberté et la santé ». Mélanie a donc formulé une intention prioritaire fondée sur ces besoins : « *Je commande* ou *je choisis* la santé et la liberté *tout en* ayant peur d'être débordée. » Elle pourra ensuite examiner toutes les demandes qui lui sont faites et utiliser cette intention selon ses besoins. Suite à cela, Mélanie a remarqué qu'elle avait atteint un niveau élevé de rendement et de plaisir.

À partir de maintenant, nous ferons nos choix en formulant une intention basée sur nos besoins. Prenons, par exemple, l'intention suivante : « *Je choisis* d'être libre et en santé *tout en* répondant à de nombreuses demandes. » Lorsqu'on émet une intention, il faut lâcher prise quant à la forme dans laquelle elle se manifestera. Si notre intention englobe nos besoins, nous aurons plus de facilité à nous laisser porter sans inquiétude. En effet, nous craignons tous intérieurement que nos besoins ne soient pas comblés. Au fond, ce qui nous inquiète, c'est de ne pas être là pour nous-mêmes.

Le prochain exercice consiste à émettre une intention fondée sur des besoins. Par exemple, supposons que nous cherchons une intention qui nous aiderait à réaliser un projet. Il importe d'identifier nos besoins par rapport à ce projet **avant même de trouver notre intention de base.** Pour faire cet exercice correctement, vous devez avoir clairement identifié la situation. Prenez un peu de recul comme si vous regardiez un film et scrutez-la attentivement. Une fois que vous aurez cerné le contexte, établissez la liste de vos besoins.

Les personnes qui vivent en fonction des autres et refoulent leurs aspirations depuis des années ont souvent du mal à déterminer leurs besoins. D'autres éprouvent un sentiment d'urgence et voudraient trouver une fois pour toute la bonne intention. Cet exercice n'a rien de grandiose. Il s'agit simplement d'établir une liste de ses besoins. Pourquoi vouloir trouver une réponse percutante et rapide ? Il est déjà assez difficile de s'arrêter pour se mettre à l'écoute de ses besoins ! Cette activité n'a rien d'un devoir scolaire, elle est plutôt une rencontre intime avec soi. Il n'y aura pas de contrôle ni d'évaluation.

Je vous invite à apprécier votre unicité dans vos besoins et à accueillir ceux-ci avec bienveillance sans les juger et sans être gênés par vos envies particulières. Il ne faut pas avoir honte d'avoir besoin de sécurité ou d'approbation. De nombreuses doctrines critiquent le besoin d'approbation. Au point zéro, *je peux choisir* d'avoir besoin d'approbation *tout en* jugeant cela puéril. L'idée n'est pas de s'améliorer jusqu'au point où l'on n'éprouvera plus aucun besoin. N'ayons pas peur de nos besoins simples comme le besoin d'affection ou de confort au sein de notre relation amoureuse. Nous n'avons pas besoin de changer, ce sont nos intentions qu'il faut modifier.

Le but de ce cheminement est d'arriver à ascensionner par la fréquence de l'amour de soi. L'ascension est l'expérience ultime d'intimité, l'acceptation totale de tout ce que l'on est. Pour y parvenir, nous devrons utiliser, entre autres, la charge magnétique de nos besoins quels qu'ils soient pour renforcer nos intentions. Il est plus puissant d'identifier ses besoins et de les intégrer à ses intentions que d'essayer de s'en affranchir à cause de la honte. Sans besoins, nous n'existerions pas. La plante a besoin d'eau pour vivre et nous ne la jugeons pas pour autant. Les besoins font partie du processus créateur. Nous allons apprendre à nous en servir pour bâtir notre identité. Cette individualisation de notre fréquence nous mènera à l'ascension. Osons ! Si quelqu'un vous dit : « C'est effrayant comme tu as besoin d'approbation ! » Répondez-lui : « Merci de me le faire remarquer, je vais justement utiliser ce besoin pour créer. »

Avant de faire l'exercice, prenez un instant pour lire l'histoire d'une cliente, appelons-là Rose-Marie, qui se préparait à déménager. Rose-Marie est une femme organisée et efficace. À l'approche du déménagement, elle souffrait d'une vilaine grippe et se demandait quelle en était la cause. Nous avons établi ensemble la liste de ses besoins :

déléguer
rester souple
bien dormir
avoir des moments d'évasion

Nous avons déterminé que « déléguer » était son besoin prédominant.

Rose-Marie a compris que, si elle choisissait de déléguer avec confiance tout en ayant peur de lâcher prise, elle aurait plus de souplesse, plus de moments d'évasion et qu'elle dormirait mieux !!!!

Exercice 4
IDENTIFIER SON BESOIN PRIORITAIRE

Vous pouvez utiliser cet exercice pour vous-mêmes ou comme outil thérapeutique.

1. DÉFINIR le projet ou à la situation à inscrire dans cette séance.
2. DRESSER la liste de vos besoins (vous pouvez consulter la liste qui suit si vous êtes à court d'idées).
3. CHOISIR votre besoin **prioritaire**.
4. ÉNONCER votre **intention** en incluant votre besoin *tout en...*
5. Lorsque vous aurez formulé votre intention, vous pourrez la consolider par divers moyens comme la prière, la méditation ou la reprogrammation de l'ADN. Si vous choisissez la reprogrammation de l'ADN, vérifiez combien de protocoles, vous devez installer pour mettre votre intention au point zéro. (Voir *L'ADN Démystifié* et *L'ADN et le Choix Quantique*.)

Liste des besoins

1. Mieux manger
2. Boire plus d'eau
3. Apprendre – connaître
4. Travailler
5. Carrière
6. Appui
7. Adhérer à une association, un groupe, etc.
8. Famille
9. Avoir des enfants
10. Relation amoureuse
11. Jouer
12. Déménager - maison
13. Régénération - convalescence
14. Relations sexuelles
15. Soins : acupuncture, médical, chiropratique, massage, chirurgie, psychologie, soins de la peau, etc.
16. Prendre des initiatives
17. Inspiration
18. Appartenance
19. Pouvoir
20. Énergie – Ardeur
21. Finir quelque chose – deuil, etc.
22. Déléguer

1. Réalisation
2. Compétence
3. Approbation
4. Facilité
5. S'affirmer
6. Calme
7. Plaisir
8. Repos - dormir
9. Vacances - voyage
10. Santé – bien-être
11. Abondance
12. Équilibre
13. Sécurité
14. Être heureux
15. Écrire
16. Rire
17. Loisirs – activités
18. Exercer sa créativité
19. Changement
20. Gratification
21. Réussite
22. La mer, la montagne, l'eau, le soleil, l'oxygène
23. Autre

Partie III

L'essence

Chapitre 12
La fréquence de notre essence

Dans le chapitre précédent nous avons compris que, si nous nous trouvons dans une situation stagnante, c'est qu'elle ne vibre pas sur un taux vibratoire en harmonie avec le taux de notre essence. Maintenant que nous savons que tout est vibratoire, il ne nous reste plus qu'à comprendre quel est le taux vibratoire de notre fréquence individuelle et comment le syntoniser. Pour pouvoir s'aligner sur une ligne quantique en résonance avec notre essence, il faut d'abord la faire vibrer à l'intérieur de nous et la connaître intimement. Cependant, nous sommes conditionnés par des programmes extrinsèques plutôt que par notre nature intrinsèque et nous résonnons plus facilement avec les réalités de notre enfance qu'avec la fréquence libératrice de notre essence. *Le Petit Larousse* définit le terme **essence** ainsi : « Ce qui constitue le caractère fondamental, la réalité permanente d'une chose; nature d'un être, **indépendamment de son existence** ». Nous ne nous définissons pas par notre essence mais par nos programmes inconscients. Ces commandes inconscientes de l'enfance proviennent de notre entourage, de nos liens transgénérationnels, de l'école et de nos blessures émotives, et nous alignons nos projets sur ces fréquences.

Quand j'ai voulu comprendre ce qu'était mon essence, j'ai pensé à l'état qui est le mien quand je suis heureuse. La plupart des souvenirs qui me sont revenus à l'esprit avaient la nature comme toile de fond. J'ai remarqué que, dans ces vignettes de bonheur, je semblais vibrer à une fréquence bien particulière. J'ai compris que c'était la fréquence de mon essence. Je me suis souvenu de moments de mon enfance où, en dépit des conflits, j'ai touché à l'innocence. Cette innocence, je l'ai contactée à maintes reprises dans ma vie. J'ai remarqué que je vibre plus fort lorsque je suis dans les montagnes ou sur l'eau. Je suis une passionnée des montagnes et de l'eau, et ces deux éléments m'aident à élever la fréquence de mon essence. Pour comprendre un peu la fréquence de votre essence, il s'agit d'identifier avec certitude un environnement où vous avez l'impression de vibrer plus fort. Ainsi un musicien peut avoir une expérience kinesthésique de son taux vibratoire lorsqu'il joue de la musique.

La première étape pour identifier son essence consistera donc à trouver un moment kinesthésique marqué par l'innocence. Il n'y a pas de règles fixes pour déterminer ces moments qui seront différents pour chacun puisque nous avons tous une signature essentielle qui nous est propre.

Au moment où j'écris ces lignes, nous sommes de plus en plus contrôlés par le gouvernement et victimes de la standardisation des cultures et des modes de vie. Pourtant, notre essence demeure immuable face aux influences extérieures. Elle constitue notre nature intrinsèque indépendamment de notre environnement. Lorsque j'ai pris conscience de cette force incroyable qu'est notre essence, j'ai compris qu'elle était unique à chacun. Nous avons tous à l'intérieur de nous une vibration unique qui ne peut être clonée ni copiée. Dans un monde marqué par la conformité, nous pouvons encore jouir du libre arbitre grâce à notre essence !

Il va sans dire qu'il faut apprendre à se connaître pour pouvoir reconnaître son essence. Je ne parle pas ici de décodage psychologique, puisque notre essence est indépendante de notre environnement. Autrement dit, si je suis une pomme, je ne suis pas une banane ni un kiwi. Je dois accepter que je sois une pomme. Je ne permettrai pas que ma nature de pomme soit remise en question par une meurtrissure. La meurtrissure est une chose, mais notre essence en est une autre qui ne dépend pas de cette meurtrissure. Il existe une frontière très nette entre les deux. Les souffrances que nous avons vécues nous affectent mais n'ont aucune influence sur notre essence. La pomme reste une pomme qu'on la cueille ou qu'elle tombe de l'arbre.

Nous pouvons juger notre vie en termes d'échecs et de réussites ou l'apprécier sans jugement en fonction de notre essence. Notre vision de notre vie est souvent colorée par le manque d'estime de soi. Nous pensons qu'il faut avoir réussi pour êtres fiers de notre essence. Or notre essence est indépendante de nos réalisations. Nous pouvons choisir de vivre notre vie en ayant peur des influences extérieures ou en faisant confiance à notre essence. L'essence est l'image même du point zéro. Il faut savoir que, même si notre essence est indépendante de l'endroit où nous avons grandi ou de celui où nous vivons, elle englobe tout ce que nous sommes. Il n'y a pas de parties de nous qui ne soient pas comprises dans notre essence. Il n'existe pas de hiérarchie à ce niveau. Ce n'est pas que notre essence a une énergie très élevée dont sont exclues les autres parties de nous-mêmes. Tout ce que nous sommes fait partie de notre essence. C'est le nouveau paradigme, la nouvelle définition de soi.

Lorsque nous allons bien, est-ce que notre respiration s'arrête ? Bien sûr que non, et notre coeur continue de battre même quand nous allons mal. Ces fonctions sont constantes tout comme notre essence. L'esprit sectaire, la dualité du bien et du mal n'ont rien à voir avec l'essence. En physique quantique, la matière, elle aussi, est constante et se comporte différemment selon l'observateur. Nous possédons enfin une définition de ce que nous sommes au-delà de nos blessures et des influences transgénérationnelles.

Grâce au modèle de la physique et du choix quantiques, nous pouvons maintenant revenir en arrière et accéder à l'information relative à d'autres possibilités en accord avec notre essence. En effet, selon le modèle quantique, l'information des choix que nous n'avons pas faits dans le passé continuerait d'exister dans des univers parallèles et nous pourrions avoir accès à cette information.

Prenons l'exemple de Thomas G. qui souhaite changer de carrière. S'il aborde cette nouvelle étape sans admettre qu'il déteste son emploi actuel et est convaincu d'avoir commis une erreur en choisissant l'enseignement, etc., il réduit ses chances de créer une situation plus dynamique dans sa vie. Supposons qu'il ait enregistré dans son ADN l'information relative à un nouveau choix de carrière mieux harmonisé avec son essence tout en conservant son ancien choix. Il entamera sa nouvelle carrière en faisant coexister le plaisir d'exercer une profession plus conforme à son essence avec ses sentiments par rapport à l'enseignement. Ainsi, il amorcera la prochaine étape de sa vie d'une façon bien différente : chacun de ses pas, chacune de ses commandes atteindra son but avec la rapidité et la précision d'une flèche. Ses projets se réaliseront au lieu d'être entravés par le poids d'anciens schémas récurrents.

C'est à un moment comme celui-ci que la conscience de son essence va l'aider en lui donnant la détermination et l'énergie nécessaires pour suivre sa nouvelle voie. Il fondera sa nouvelle décision non pas sur un programme qui remonte à l'enfance mais sur son essence profonde. Lorsque nous opérons de nouveaux choix à partir de notre **essence,** nous faisons enfin pour un choix conscient qui nous ressemble réellement.

MAINTENIR LA FRÉQUENCE DE NOTRE ESSENCE

Nous n'avons pas besoin d'être de grands mystiques pour syntoniser la fréquence de notre essence. Nous pouvons utiliser la force engendrée par nos émotions pour maintenir notre intention. Il s'agit alors de récupérer la charge magnétique de ces émotions et de l'insuffler dans une intention qui **vise à renforcer notre fréquence vibratoire à l'intérieur de notre vide interstitiel.** Nous pouvons nous concentrer tout entiers sur ce but merveilleux et modifier notre taux vibratoire car notre essence demeure disponible tant que nous existons.

La fréquence de notre essence est unique et vibre à un taux spécifique. Notre rapport avec la fréquence de notre essence doit demeurer inconditionnel. Nous ne pouvons pas restreindre notre fréquence. Cependant, notre rigidité peut avoir une influence significative sur elle en la cloisonnant dans des paramètres restrictifs.

Parce que nous aspirons à être **sauvés,** nous nous laissons parfois entraîner par la fréquence des autres. Nous cherchons inconsciemment une personne qui vibre à une fréquence plus rapide afin de pouvoir syntoniser la nôtre avec elle. Mais la fréquence d'une autre personne est un piètre substitut de la vibration de notre propre essence. C'est le même processus en sens inverse. Vouloir convaincre quelqu'un de syntoniser notre fréquence, cela équivaut à vouloir sauver cette personne. Or, notre fréquence n'est jamais appropriée au taux vibratoire d'une autre personne.

Ces observations et ces découvertes relatives au taux vibratoire spécifique et unique de l'essence de chaque personne m'ont apporté une vraie libération. Enfin, je commençais à me reconnaître et à me comprendre dans une perspective qui dépassait largement mon bagage émotionnel interne et transgénérationnel. En visualisant les moments heureux où ma vibration était forte, j'ai pu reconnaître mon **parfum** personnel et unique. Ensuite, j'ai émis l'intention de faire vibrer la fréquence de mon essence dans mon vide interstitiel tant dans mes moments de solitude qu'en présence d'autrui. Cette intention m'a permis d'augmenter ma fréquence vibratoire et de la faire rayonner. Avec le temps, j'ai développé une confiance et une foi en moi plus grandes. Chaque jour, je passe de plus en plus de temps dans cette vibration qui m'est complètement familière. Plus je l'expérimente, plus je me sens digne du restant de la création et en harmonie avec elle.

Cela n'a rien d'étonnant puisque chaque entité dans le cosmos vibre, elle aussi, à une fréquence qui lui est propre tout en faisant partie de la fréquence universelle. Je laisse peu à peu aller le désir de contrôler mes proches car je sais maintenant que les autres ont une essence propre qui ne peut pas vibrer à la même fréquence que la mienne. Je suis contente de voir qu'ils s'individualisent et syntonisent leur propre vibration. Cette expérience, loin de nous éloigner, nous a rapprochés et a augmenté le respect que nous nous portons mutuellement.

Plus j'assimile les concepts quantiques, ceux de l'âme centrale et de l'essence, plus je perçois la réalité sous forme de fréquence. Mes critères en ce qui concerne le choix de mes aliments ne sont plus les mêmes. Je choisis mes aliments non pas parce qu'ils sont biologiques, sains ou nutritifs, mais parce qu'ils vibrent à un taux vibratoire qui correspond à celui de mon essence.

Nous gaspillons tellement d'énergie à essayer d'élaborer des stratégies gagnantes. Si nous utilisions cette énergie pour maintenir la fréquence de notre essence constante à l'intérieur de nous, nous nous trouverions de plus en plus souvent au bon endroit au bon moment en train de faire ce qui est approprié pour nous. Nos actions deviendraient extrêmement efficaces parce qu'elles seraient gouvernées par une fréquence puissante et sans limite, unique à chacun. Une harmonie au point zéro s'installerait en nous. Certes, nous connaîtrions encore des difficultés et des moments de dépression, notre univers ne deviendrait pas tout beau, tout rose du jour au lendemain, mais tous les événements de notre vie seraient en résonance harmonieuse avec nous-mêmes au lieu d'anticiper des événements contrôlés par une vision inconsciente de ce que la vie devrait être. Nous pourrons enfin élaborer un plan de vie en résonance avec notre fréquence et nous détendre dans la réalisation de ce modèle.

Grâce au pouvoir des intentions au point zéro, nous pourrions utiliser toutes les émotions négatives qui nous assaillent pour commander une amplification constante de notre fréquence essentielle. Faites-en l'expérience la prochaine fois que vous serez en colère ou démoralisé. Respirez, ressentez votre émotion, puis commandez au point zéro que sa puissance amplifie la fréquence de votre essence. Ensuite attendez et regardez ce qui se passe au tour de vous au cours de l'heure qui suivra... Cela vaut la peine d'essayer – vous aurez des surprises ! Petit à petit, l'expérience continue de votre essence créera un état de conscience semblable à celui des maîtres spirituels.

Quand un maître entre dans un ascenseur bondé de travailleurs bourrus et désenchantés, au lieu de s'attarder à l'état d'esprit de ceux qui l'entourent, il maintient sa fréquence individuelle. Celle-ci n'a pas besoin d'être protégée de la foule. Lorsque le maître sortira de l'ascenseur, son taux vibratoire n'aura pas changé d'un iota. C'est précisément pour cela qu'on appelle ces gens des maîtres. Si on s'inquiète parce qu'il a été en contact avec ces personnes, il répondra que, où qu'il aille, il se trouve au paradis puisqu'il maintient la fréquence de son essence et que celle-ci est en lien direct avec la Source.

Selon la théorie des cordes, les physiciens étudient un modèle mathématique qui semble contenir toutes les lois de la physique. Cette structure mathématique redéfinit la matière en terme de taux vibratoire. **Tout** m'apparaît désormais sous forme de fréquences. Je commence à expérimenter à l'intérieur de moi ce que les spécialistes de la mécanique quantique ont découvert à propos des cordelettes. En vertu de la théorie des supercordes, la forme et le contenu de l'univers tout entier sont déterminés par les fréquences vibratoires de chaque atome qui le compose. Ce concept vient corroborer la notion selon laquelle, en fin de compte, il n'y a aucune différence entre la matière et l'énergie. Je comprends de plus en plus que les réalités de notre vie sont constituées par des formes-pensées qui vibrent à une fréquence spécifique, celle de la peur entre autres. Quelle que soit la situation où je me trouve, je choisis de faire vibrer ma fréquence individuelle. Je sens de plus en plus que je suis une essence qui vibre dans un corps humain même pendant que celui-ci fait la vaisselle, par exemple. Cette expérience m'ouvre des portes non seulement sur ce que je vis ici, mais aussi sur les mondes parallèles.

La théorie des mondes multiples stipule qu'il existe des univers parallèles au nôtre qui vibrent sur d'autres fréquences. En effet, leurs recherches indiquent que la matière n'évolue pas seulement en fonction de la largeur, de la hauteur, de la profondeur et du temps. Il y a des dimensions si minuscules que nous ne les percevons pas ou si vastes que nous ne pouvons y accéder. La revue *Science et Vie* d'avril 2005 décrit cette théorie de la façon suivante : « De minuscules filaments, tous identiques, dont les vibrations engendrent la diversité de notre univers (...) La réalité de notre monde, à son niveau le plus fondamental, apparaît comme une gigantesque symphonie résultant de minuscules cordes toutes identiques...vibrant comme les cordes d'un violon. » (p. 58)

Même si nous ne réussissons pas continuellement à maintenir cette fréquence, il ne faut pas se décourager. C'est comme apprendre à faire du vélo. Nous arriverons à un point où, grâce à une pratique assidue, nous pourrons faire un avec notre essence. Ce processus est exponentiel et circulaire. Nous vivrons des moments parfaits suivis de périodes de doute, puis nous reviendrons à notre essence avec certitude. Petit à petit, il se formera un réseau, mais il faut s'attendre à des mouvements accélérés. Nous célébrerons nos réussites et connaîtrons de fortes déceptions lorsque nous aurons l'impression d'avoir perdu le contact avec notre essence. Tout cela fait partie du processus, qui n'est pas linéaire. Même l'information provenant du choix d'une mauvaise voie quantique est importante pour nous aider à maintenir notre fréquence dans la troisième dimension, qui obéit uniquement aux lois de la dualité. La tristesse liée au fait d'avoir vibré à la mauvaise fréquence est très puissante dans le contexte du point zéro. Elle deviendra le moteur de notre décision et nous donnera la force de continuer.

L'IDENTIFICATION DE L'ESSENCE

Pour pouvoir participer au processus de la création en utilisant le pouvoir de l'intention, il faut comprendre la nécessité de connaître notre couleur personnelle. Or, c'est en amplifiant notre fréquence grâce au pouvoir de l'intention au point zéro que nous nous identifierons de plus en plus à notre essence. Pour oser être les créateurs de notre vie, commençons par accepter que nous sommes uniques et intéressants et que nous possédons une saveur bien particulière. Cette saveur est originale et possède une qualité unique qui ne peut être clonée. C'est cette énergie que nous appelons l'essence.

Notre essence est notre nature individuelle et profonde, indépendamment de notre environnement. C'est notre signature essentielle (essence + ciel) sans égard à notre situation familiale et à notre incarnation terrestre. Même un enfant conçu dans la violence a plus de valeur qu'un bébé cloné à cause, précisément, de son essence. Car malgré la passion et le drame qui ont entouré sa conception, cet enfant possède une unicité qui n'existe pas chez un bébé conçu en éprouvette, dont le bagage génétique est soi-disant parfait.

Si nous nous identifions de plus en plus à notre essence, nous saurons enfin qui nous sommes en dehors de ce que la vie a fait de nous. Nous nous verrons tels que nous sommes sans les modèles acquis et les mécanismes de défense que nous avons développés au cours de notre existence. Les enfants indigo qui naissent depuis quelques décennies sont tellement différents que les éduquer représente un défi de taille pour leurs parents et leurs professeurs. En fait, ce qui les caractérise, c'est l'ampleur de la fréquence de leur essence. Ils arrivent sur terre avec une essence plus vibrante. Et ils refusent de la perdre malgré les médicaments et les drogues. De plus, ils possèdent des antennes qui leur permettent de reconnaître rapidement si leur entourage vibre en accord ou en désaccord avec leur essence. Au fond, le problème avec ces enfants, c'est que leurs aînés ont souvent une essence moins vibrante que la leur. En fait, si nous pouvions les regarder sans les juger, nous comprendrions qu'ils nous encouragent constamment à devenir de plus en plus nous-mêmes. Ils nous enseignent à nous relier à notre essence. Contrairement à nous, ils n'auront jamais le souvenir d'avoir eu une essence de faible amplitude. Ils ne sauront pas que nous avons eu besoin d'une foi aveugle pour continuer de croire en nous-mêmes.

Cette identification avec notre essence nous redonne notre amour propre et notre fierté. Plus nous serons fiers de notre essence, moins nous aurons de difficulté avec les enfants indigo. En nous passionnant pour notre propre fréquence, nous accepterons de plus en plus facilement de coexister avec des personnes différentes de nous. Nous pourrons vibrer côte à côte sur des taux vibratoires individuels. En revenant vers notre essence, nous pourrons nouer de nouvelles sortes de relations.

Notre famille a connu des enfants indigo. Maintenant il existe des enfants cristaux, qui sont encore plus éveillés, plus proches de leur essence. Ils nous forcent par leur présence à augmenter l'amplitude de notre fréquence si nous voulons pouvoir les comprendre. À sept ou huit ans, ils ont déjà saisi le pouvoir de l'intention, peuvent exprimer clairement leur ressenti et savent très bien qu'il faut commander ce que l'on veut et non ce que l'on craint ! Ces enfants et ces jeunes ne sont pas meilleurs que nous; la différence a uniquement trait à l'amplification vibratoire. Tous les humains ont une essence. Nous sommes tous issus de la même Source. De toute façon, au cours des années qui viennent, si nous choisissons de manifester notre essence, nous remarquerons de moins en moins ces différences.

Exercice 5
S'IDENTIFIER À SON ESSENCE

Vous pouvez utiliser cet exercice pour vous-mêmes ou comme outil thérapeutique.

Après avoir répondu aux questions ci-dessous et établi votre profil individuel, vous aurez le choix entre divers outils comme la prière, la méditation ou la reprogrammation de l'ADN pour remettre la situation au point zéro.

Si vous choisissez la reprogrammation de l'ADN, testez toutes les questions ci-dessous pour voir si vous obtenez un oui ou un non. Ensuite, vérifiez combien de protocoles, vous devez installer pour mettre ces questions au point zéro. (Voir L'ADN Démystifié *et* L'ADN et le Choix Quantique.*)*

Vous pouvez refaire cet exercice à propos d'une situation précise.

VÉRIFIER si la personne, lorsqu'elle s'identifie à la fréquence de son essence :

1 sait que sa vie peut subir un essor;

2. peut commander d'être en sécurité même si sa vie peut se transformer;

3. peut commander que le mouvement accrû crée l'harmonie plutôt que le chaos;

4. peut ressentir une plus grande vitalité;

5. peut sentir la fréquence de son essence à l'intérieur d'elle-même;

6. peut jouir d'une meilleure santé et sentir que son corps est redynamisé;

7. peut se fier à son essence;

8. peut s'identifier à son essence sans tomber malade même si sa fréquence change en raison de l'amplification de son taux vibratoire;

9. peut créer sa réalité sur une voie quantique qui vibre à la fréquence de son essence;

10. peut être heureuse, ou tout autre émotion, dans la réalité quantique qui vibre à la fréquence de son essence;

11. peut reconnaître que son essence est un point de référence personnel directement relié à la Source à travers l'Âme centrale;

12. peut reconnaître que son essence est le point d'ancrage de l'énergie de la matière et qu'elle lui appartient à travers la création;
13. peut reconnaître que toutes ses incarnations portent la même signature essentielle;
14. peut vibrer sur la fréquence de son essence sans se justifier;
15. peut répondre à ses besoins;
16. peut établir une relation stable avec son essence;
17. peut incarner son essence dans son corps;
18. peut incarner son essence dans son quotidien;
19. peut s'aimer davantage;
20. peut éprouver de la gratitude envers son essence;
21. peut respecter son essence;
22. peut faire des choix en harmonie avec son essence;
23. peut faire confiance à son essence;
24. peut faire des choix judicieux qui facilitent son évolution;
25. peut cesser de s'inquiéter au sujet de son processus de vie;
26. peut suivre un courant de vie fluide, consistant et bienveillant en résonance avec son essence;
27. peut participer au mouvement de l'univers tout en préservant son individualité;
28. peut reconnaître ou percevoir son essence grâce à :
   - **a.** sa nuance originelle
   - **b.** sa tonalité unique
   - **c.** son effet
   - **d.** sa saveur
   - **e.** son rythme personnel
   - **f.** sa fréquence vibratoire
   - **g.** autre

29. peut vibrer sur la fréquence de son essence dans sa vie :
   - **a.** professionnelle
   - **b.** sociale
   - **c.** familiale
   - **d.** autre

L'ESSENCE ET LE VIDE INTERSTITIEL

La théorie quantique, vue à l'échelle des particules, révèle que la matière est régie par d'autres lois et qu'elle vibre dans l'univers sur des fréquences multiples existant simultanément dans des mondes parallèles. Ces mondes multiples, ou univers parallèles, sont reliés entre eux par la gravitation. Si l'essence de tous les humains vibrait à l'intérieur de leur vide interstitiel en coexistant avec celle des autres sans l'influencer, nous reproduirions le comportement quantique des mondes parallèles. Ce serait comme si nous vivions dans des mondes parallèles tout en coexistant comme la matière. Imaginons que nous syntonisons la fréquence de notre essence dans notre vide interstitiel sans entraîner les autres ni nous laisser contrôler par eux. En choisissant de diffuser notre **essence** dans notre vide interstitiel sans influencer les autres, nous augmentons au maximum notre fréquence individuelle. Nous amplifions ainsi de façon exponentielle notre signature personnelle et permettons à l'autre de faire rayonner sa nature profonde sans provoquer de conflit. Lorsque nous fonctionnons à partir du vide interstitiel et en ressentons les bienfaits, cela entraîne une absence d'arrogance qui m'étonne toujours. Notre but est de faire rayonner notre fréquence sans irriter les autres ni créer de compétition.

Dans l'univers, toutes les probabilités coexistent sans s'annuler. La diplomatie internationale prendrait une nouvelle tournure si les nations, au lieu de chercher à s'aligner sur les plus puissantes, exprimaient leur individualité tout en coexistant entre elles. Peut-être qui si tout le monde syntonisait son essence à l'intérieur de soi et coexistait avec celle des autres sans l'influencer, nous aurions enfin la paix sur la Terre !!!

En faisant vibrer la fréquence de notre essence dans notre vide interstitiel, nous pourrons instaurer de nouveaux rapports avec nos proches. Imaginons que, tous ensemble, nous émettions notre fréquence individuelle sans nous entraîner mutuellement. Nous connaîtrons alors une harmonie précieuse et rare. Cela me rappelle les harmoniques. Une harmonique est un troisième son qui est créé quand on joue deux notes simultanément et qui se superpose à celles-ci. Nous pouvons très bien envisager que, dans l'avenir, des communautés se formeront de manière spontanée et naturelle dans le respect de la fréquence individuelle de chacun. Plus besoin d'adhérer à une cause ou à une religion pour vivre en harmonie. En restant totalement autonomes et en faisant rayonner notre fréquence, nous serons automatiquement attirés par les personnes qui vibreront sur une fréquence en harmonie avec la nôtre. Cette reconnaissance se fera au niveau de notre code génétique.

Dans un couple, aucun partenaire n'est plus proche de l'énergie vitale que l'autre puisque la Conscience vibre à tous les niveaux en même temps et à des fréquences différentes. Nous sommes tous égaux devant la Source. Nulle créature n'est plus proche de la Source qu'une autre. Sur notre planète, nous sommes tous aussi proches de la Terre. Il n'y a pas d'hommes ou de femmes qui soient plus humains que d'autres. Nous sommes tous égaux quant il est question de la force vitale. Dans l'univers, tout coexiste. Dans la nature, toutes les créatures ont droit à l'énergie vitale. Il n'y a pas de guide spirituel ou d'expérience qui soit plus proche de la Source qu'une autre puisque que tout ce qui a été créé existe simultanément.

Chaque personne doit désormais prendre conscience de sa fréquence individuelle. Nous nous étions engagés sur le chemin de la conscience afin de mieux nous connaître et de manifester ensuite ce que nous voulions dans notre vie. Cette étape est terminée.

La nouvelle étape de la conscience

Nous avons atteint un nouveau palier où nous pourrons maintenant célébrer notre essence. Nous ferons vibrer notre couleur originelle, notre tonalité individuelle. Nous maintiendrons un état vibratoire constant et naturel sans recourir à des moyens extérieurs. Nous ne sommes plus des chercheurs en quête d'absolu, mais des gens **qui connaissent leur essence.** Au lieu de croire que, pour reprendre contact avec son essence, il faut à tout prix faire de la danse, du tennis, du yoga, des voyages, etc., nous comprendrons que toutes ces activités sont secondaires et que, tout ce qui importe, c'est que nous revenions à notre essence en utilisant le pouvoir de l'intention au point zéro.

Imaginez que l'on vous ampute les pieds à la suite d'un accident, pourrez-vous revenir à votre essence sans danser ni jouer au tennis ? Bien sûr, car le contact avec notre essence est vibratoire et n'a rien à voir avec la forme. En développant une relation stable avec notre essence, nous manifesterons des réalités confortables et saines dans notre vie. Nos activités professionnelles, sociales et récréatives seront tout à fait appropriées parce qu'elles seront en résonance avec le taux vibratoire de notre essence.

Nous cesserons de nous interroger sur la manière de mieux prendre soin de nous et, petit à petit, non seulement nous nous identifierons à notre essence mais nous l'incarnerons entièrement. Plus nous l'incarnerons. plus nous nous aimerons car cela nous paraîtra tout naturel. Nous éprouverons de la gratitude et du respect pour cette énergie que nous sommes. Il sera bien difficile, dans cet état d'être, de faire de mauvais choix. Nos décisions seront toujours en harmonie avec notre essence et nous pourrons cesser de nous inquiéter et de nous montrer vigilants. Nous serons les gardiens de notre fréquence. Cette vigilance est un indice de notre séparation. Si nous sommes en harmonie vibratoire avec nous-mêmes, nous apprécierons notre saveur personnelle. Nous suivrons un courant fluide, constant et bienveillant qui résonnera avec la meilleure tonalité en chacun de nous. Nous participerons aisément au mouvement de l'Univers tout en préservant notre individualité.

Chaque personne doit désormais prendre conscience de sa fréquence individuelle. La Source tend vers un nouveau paradigme où chaque élément vibrerait sur sa tonalité exacte. En vibrant au bon taux vibratoire, nous nous trouverons automatiquement à l'endroit qui nous convient. Il y a un endroit du cosmos qui convient à Jéhovah, constructeur et destructeur des univers, mais il y en un aussi pour Saint Nicolas. L'un n'exclut pas l'autre, ils existent tous les deux sur des fréquences parallèles. La création est modèle d'exploration, d'expérimentation et de coexistence amicale qui englobe une multitude de taux vibratoires.

Lorsque l'on voit l'essence se manifester à travers une personne, on ne peut s'empêcher de trouver cette personne belle et naturelle, mais aussi **vraie et authentique**. On est séduit parce qu'elle dégage quelque chose d'harmonieux. Il est de plus en plus facile de regarder ces personnes sans les juger parce qu'on les trouve harmonieuses et naturelles. En fait, ce qui nous dérange chez les autres, ce ne sont pas leurs différences mais la confusion des fréquences. Bientôt, nous pourrons partager des moments de bien-être sans être influencés par la vibration des autres.

Exercice 6
L'ESSENCE

Vous pouvez utiliser cet exercice pour vous-mêmes ou comme outil thérapeutique.

Après avoir répondu aux questions ci-dessous et établi votre profil individuel, vous aurez le choix entre divers outils comme la prière, la méditation ou la reprogrammation de l'ADN pour remettre la situation au point zéro.

Si vous choisissez la reprogrammation de l'ADN, testez toutes les questions ci-dessous pour voir si vous obtenez un oui ou un non. Ensuite, vérifiez combien de protocoles, vous devez installer pour mettre ces questions au point zéro. (Voir L'ADN Démystifié *et* L'ADN et le Choix Quantique.*)*

Vous pouvez refaire cet exercice à propos d'une situation précise.

VÉRIFIER si la personne sait que :

1. son besoin prédominant n'est pas seulement physique ou émotionnel mais qu'il est aussi vibratoire;

2. elle a besoin de vibrer à la fréquence de son essence pour se sentir vivante et en santé;

3. en vivant en harmonie avec sa fréquence fondamentale, elle manifestera naturellement ce dont elle a besoin;

4. si elle s'harmonise avec sa fréquence individuelle, ses activités professionnelles, sociales et récréatives lui conviendront parfaitement;

5. désormais, elle doit

- **a.** prendre conscience de sa fréquence individuelle
- **b.** maintenir un état vibratoire constant
- **c.** être en contact avec la vibration de son essence

Après avoir fait cet exercice, une des stagiaires a vécu un moment de béatitude. Elle a senti toutes ses cellules vibrer et vu son lien avec la

Source. Elle a vécu cette expérience tout en restant bien ancrée dans son corps. Elle était contente d'avoir traversé les étapes précédentes qui lui ont permis de décoder ses programmes inconscients et appris à rester dans son corps. Ces étapes étaient extrêmement importantes mais elles n'étaient pas la destination finale. La destination finale est celle où nous prenons conscience de la fréquence de notre essence.

JUSTIFICATION DE L'ESSENCE

Lorsque nous choisissons de revenir à notre couleur originelle et de vivre en sécurité dans notre fréquence propre, nous n'avons pas besoin de nous justifier. Nous pouvons commander d'être en sécurité quand nous vivons en accord avec notre rythme essentiel.

Le même principe s'applique aux personnes qui possèdent une essence calme contrairement à celle de Monique. L'essence d'une personne tranquille n'a pas besoin de faire des étincelles ou d'avoir un public pour être bien. Cette personne pourrait dire : « Je choisis que mon mouvement essentiel, qui est paisible, s'amplifie. » Nous pouvons harmoniser nos besoins avec notre essence. Notre besoin primordial n'est pas seulement physique ou matériel, il est aussi vibratoire. Nous avons besoin de vibrer à la fréquence de notre essence et de nous sentir vivants. C'est ainsi que nous deviendrons conscients de notre valeur. En nous mettant en harmonie avec notre fréquence fondamentale, nous manifesterons naturellement ce dont nous avons besoin sans nous justifier. Cela nous paraîtra normal. Nous avons longtemps pensé que nous devions mettre notre attention sur nos besoins plutôt que sur notre essence.

Par une belle journée d'hiver blanche et bleue, mon fils et moi nous sommes installés au sommet d'une pente de ski et avons pris le temps de communiquer avec un grand sapin. Nous avons tenté de capter la fréquence de l'essence de l'arbre sans l'analyser, mais simplement en regardant l'arbre et en essayant de ressentir son essence. Pour y arriver, nous avons imaginé que nous étions nous-mêmes dotés d'un interrupteur qui servait à amplifier la fréquence de notre essence. En utilisant l'intention au point zéro, nous avons commandé l'amplification maximale de notre essence. Après quelques instants, nous avons senti une telle paix et une telle affinité avec l'arbre que le seul mot qui nous est venu à l'esprit est **innocence.** Nous venions de faire coexister nos essences avec celle de l'arbre et avions ressenti une révérence et un amour profonds pour cette entité sylvestre. Cette expérience a jeté un pont entre nous et notre essence. Mon fils m'a confié qu'ayant passé une semaine plutôt éprouvante à l'université, il avait enfin le sentiment de se retrouver. Il n'y a pas de rivalité entre les fréquences des divers éléments de nature. Même dans la lutte entre plus faibles et plus forts, chacun conserve l'intégrité de son taux vibratoire sans remettre en question l'identité des autres créatures.

J'ai eu la chance, dans la forêt de Brocéliande en Bretagne, de voir un hêtre qui avait plus de mille ans. Devant ce mastodonte beau et fier, je ne savais pas quel comportement adopter. Dans mon for intérieur, j'ai demandé ce que je devais faire devant un arbre si puissant qui avait survécu à tant d'années d'histoire et dégageait une telle splendeur. L'arbre m'a répondu à travers mon intuition en disant que je n'avais qu'à faire vibrer la fréquence de mon essence en sa présence. Je me suis donc placée devant lui et j'ai demandé l'amplification de mon essence en présence de la sienne. Quand j'ai quitté la forêt, je me sentais vraie et authentique avec mes faiblesses et mes particularités. J'avais été touchée par ce partage de nos fréquences **essentielles** qui ne demandait aucun ajustement de ma part. Il n'y a eu aucun échange. J'ai expérimenté l'accord de nos deux tonalités formant une troisième tonalité ou harmonique.

Une harmonique est un son dont la fréquence est un multiple du son fondamental. J'ai eu la chance, au cours du stage de formation portant sur le présent ouvrage, de vivre cette expérience avec une stagiaire qui a ressenti une forte amplification de son taux vibratoire après avoir fait l'exercice sur l'essence. Je suis convaincue que les rencontres basées sur l'essence nous permettront, dans l'avenir, de nouer des relations harmonieuses et mélodieuses. Il est passionnant d'imaginer le genre de rapports que nous établirons lors de ces rencontres **essentielles,** dans lesquelles deux personnes émettent une vibration authentique qui produit une harmonique. Nous connaîtrons enfin la paix et l'amitié véritables. Nous deviendrons comme les supercordes qui vibrent simultanément côte à côte sur des fréquences individuelles.

Quand nous vibrons à la fréquence de notre essence, nous n'avons plus besoin de justifier notre existence. Nous avons le droit d'exister au même titre que tous les éléments de la nature, les animaux et les étoiles. Nous avons peut-être connu des moments de doute parce que nous n'avons pas été désirés par nos parents, mais ces blessures proviennent de notre environnement. Or, quand on s'identifie à son essence, on a à coup sûr sa place dans l'univers et une tonalité individuelle bien précise. En nous reliant à notre essence et en échangeant avec nos proches eux aussi en relation avec leur essence, nous créerons enfin la paix sur la Terre.

Si tout le monde s'harmonisait avec son essence et agissait selon son gré sans se justifier, il est certain que la paix régnerait sur la Terre. Cette rectitude est celle de l'essence. Nous émettrions le taux vibratoire approprié. Nous cesserions d'emprunter des réseaux quantiques inadéquats qui sont en harmonie avec la fréquence de quelqu'un d'autre. Puisque, dans la mécanique quantique, tout coexiste et vibre à des taux vibratoires différents, il en serait ainsi pour nous, nous coexisterions avec nos taux vibratoires différents. Nous ignorons le taux vibratoire des autres. Nous entrevoyons parfois des symptômes de leur fréquence à travers leur personnalité, mais nous ignorons quelle est cette fréquence. Par ailleurs, nous pouvons imaginer ce qui se passerait si, tous, nous faisions vibrer notre essence unique. Au lieu de tenter de convaincre les autres de vibrer à notre taux, nous serons curieux de voir comment la Source vibre à travers l'autre. Nous deviendrons responsables de notre essence et nous ne sentirons plus le besoin de nous justifier. Nous pourrons partager nos expériences sans jugement puisque nous savons que chacun se trouve à la place qui lui convient. Nous serons enfin libérés de nos comportements co-dépendants sans avoir à faire d'effort.

Nos vies sont devenues tellement efficaces et programmées que nous pensons devoir être ainsi : performants et efficaces. La vie n'est pas qu'un travail sur soi, c'est aussi un jeu. lorsque nous passerons notre vie à manifester la totalité de ce que nous sommes, nous serons passionnés par l'entité que nous représentons sur Terre et savourerons l'expression de son essence. Nous nous épanouirons et nous réjouirons de cette fréquence. N'oublions pas que l'essence porte notre signature dans tous les univers. C'est l'étincelle de la Source qui brille dans notre Âme centrale et nous n'avons pas à justifier la création divine ! Le chemin de la Source passe par soi-même.

MÉDITATION SUR L'ESSENCE

Chaque matin, nous pouvons méditer sur notre essence. Nous pouvons la remercier et lui demander de vibrer en nous. Nous pouvons demander son amplification et avoir ainsi la chance de vivre de plus en plus souvent dans l'innocence de notre fréquence unique. Nous ressentirons la toute-puissance tranquille qui en découle, peu importe le genre de vie que nous avons vécue, tout en conservant notre personnalité et notre caractère. On peut imaginer que, si toutes les personnes que nous rencontrons jour après jour faisaient la même méditation et célébraient leur unicité, la vie nous paraîtrait beaucoup plus intéressante. Le désespoir qui accable l'humanité à l'heure actuelle ferait place à l'espoir et à la souveraineté.

« Je te remercie, mon essence, d'habiter mon corps. Je te remercie d'être alignée sur la Source de la création. Merci d'être mon lien avec la Source de l'essence universelle. Je choisis aujourd'hui de vivre dans le bien-être et la sécurité qui découlent de mon essence. Et je commande l'amplification maximale de la fréquence de mon essence aujourd'hui et pour toujours. »

Je te remercie, mon essence, d'habiter mon corps.

Je trouve cela extraordinaire que mon essence puisse vibrer à l'intérieur de mon corps physique – pas seulement dans mes corps éthériques.

Je te remercie d'être alignée sur la Source de la création.

Grâce à cette expérience, j'ai pu vivre des moments de satori, de toute-puissance paisible et de bonheur.

Merci d'être mon lien avec la Source de l'essence universelle.

Je trouve merveilleux de savoir que je n'ai qu'à choisir, en utilisant l'intention au point zéro, de faire vibrer ma fréquence pour communiquer avec la Source de la création.

Je choisis aujourd'hui de vivre dans le bien-être et la sécurité qui découlent de mon essence

Cette expérience maximale de soi est un gage de sécurité vibratoire. Lorsqu'une personne vibre à la fréquence de son essence, il devient impossible de la manipuler.

Et je commande l'amplification maximale de la fréquence de mon essence aujourd'hui et pour toujours.

Plus notre fréquence s'amplifie, plus il est facile de la reconnaître et de s'identifier à notre essence.

Visualisation sur l'essence

1. Imaginez que votre essence remplit votre vide intérieur en entier et que celui-ci vibre à votre tonalité avec sa saveur propre.

2. Attardez-vous au bien-être physique que vous ressentez quand votre corps physique vibre à la fréquence de votre essence.

3. Attardez-vous au bien-être émotionnel que vous ressentez quand votre corps émotionnel vibre à la fréquence de votre essence.

4. Attardez-vous au bien-être mental que vous ressentez quand votre corps mental vibre à la fréquence de votre essence.

5. Attardez-vous au bien-être spirituel que vous ressentez quand votre corps spirituel vibre à la fréquence de votre essence.

6. Imaginez que vos quatre corps (physique, émotionnel, mental et spirituel) vibrent à la fréquence de votre essence en même temps.

7. Commandez la santé parfaite à tous les niveaux, dans tous vos corps grâce à la redynamisation de votre taux vibratoire essentiel.

8. Mettez les mains sur votre cœur pour ressentir votre lien avec votre essence et l'amour qui en émane.

Chapitre 13
La guérison circulaire

Pour bien comprendre les principes fondamentaux de la guérison circulaire, il faut en finir une fois pour toutes avec les formulations suivantes : « Je sais que j'en ai fini avec ça. » « Quand j'en aurai fini avec les émotions comme l'abus, la crainte des hommes ou des femmes, la peur de conduire une auto, etc. ». « Je ne comprends pas que je travaille encore sur mon enfance, mon mariage, etc., car je croyais que j'avais réglé tout ça. » Tout cheminement global emprunte un chemin circulaire. Si on veut être réaliste, il importe de comprendre que la guérison est un état et non une destination. Elle évolue en formant une spirale plutôt que d'aller droit au but comme une flèche. Elle est un processus de coexistence et de connaissance de soi. Elle permet de découvrir des nuances émotives, spirituelles ou mentales qui nous échappaient auparavant. Elle nous révèle sur nous-mêmes des détails qui nous permettent de mieux habiter notre corps.

L'une des croyances qui fait obstacle à ce cheminement est celle qui consiste à penser que l'on puisse faire disparaître une blessure. Toute blessure laisse des traces et nous rend vulnérables. C'est notre relation face à elle qui doit changer. On reconnaît les bons thérapeutes au fait, non pas qu'ils ne traversent plus de crises émotives, mais plutôt qu'ils sont capables de rester présents à eux-mêmes dans les moments de crise. C'est un piège que d'aspirer à s'en sortir et d'entrer dans un monde « parfait ». Nous aspirons à être capables de reconnaître nos blessures *tout en* restant présents à nous-mêmes avec douceur.

Si nous sommes déterminés à comprendre et à ressentir ce qui nous trouble, nous sommes certains de réussir parce que cette attitude fera bouger les choses. Ce qui était figé et tendu se mettra en mouvement. Selon certaines théories, nos blessures émotionnelles non résolues pourraient provoquer la maladie. Selon moi, c'est la tension résultant du caractère statique de la charge émotive qui nous rend malades plutôt que la blessure émotive comme telle. Nous pouvons réduire la tension qu'elles engendrent, mais nos blessures font partie intégrante de notre histoire. Cependant, nous pouvons transformer notre relation avec nos blessures. Nous ne pouvons pas effacer notre enfance ni les trahisons amoureuses que nous avons subies. Le danger des blessures émotionnelles réside dans leur caractère statique.

Imaginons la guérison circulaire comme une tarte. Supposons qu'une des pointes de tarte soit un mécanisme de défense qui nous maintient dans la pénurie à cause de la façon dont nous avons été élevés. Imaginons aussi que nous avons tellement travaillé sur cet aspect de nous-mêmes que nous avons atteint notre limite. Or, malgré tous nos efforts, aucun changement majeur n'est survenu en nous. Au lieu de cibler cet aspect en suivant un chemin linéaire, nous pourrions nous demander si nous avons envie de consacrer un peu de temps aux autres pointes de la tarte.

Au lieu de nous identifier uniquement à la pointe qui correspond à la performance, mieux vaut surmonter notre peur d'aborder une autre pointe moins intéressante, comme la peur d'être pauvre ou de ne jamais posséder notre propre maison, etc. De la sorte, dans les moments où nous sommes malades ou fatigués, nous insisterons pour faire vibrer les fréquences de la santé et de la régénération dans nos symptômes. Cela pourrait faire jaillir des nuances nouvelles, d'infimes coïncidences, des intuitions, des réalisations et des moments d'amour et de fierté. Nous saisirions vite qu'une seule pointe, qu'elle soit brillante ou positive, qu'elle représente la performance ou comporte une charge négative et étouffante, est moins dynamique que la tarte au complet. Nous comprendrons qu'une seule pointe est moins solide que la tarte tout entière et cela nous incitera à explorer les autres pointes. Nous deviendrons plus fluides, nous adapterons plus facilement au changement et atteindrons un équilibre au point zéro. Ce nouveau parcours, cette nouvelle initiation et tous nos efforts auront pour effet de nous familiariser avec les autres pointes de la tarte. Petite à petit, nous ferons face à la vie de façon circulaire.

Nous regarderons ce que la vie nous apporte. Si, aujourd'hui, elle nous apporte de la fatigue, reposons-nous. Si nous sommes trop agités pour nous reposer, laissons l'agitation exister et accueillons simultanément notre résistance au repos et le repos. Il faudra pour cela modifier nos critères : ce qui compte désormais, ce n'est plus notre capacité ou notre incapacité de nous reposer, mais plutôt le fait d'accueillir tout ce que nous sommes en restant en mouvement.

Cette intention d'occuper toutes les pointes de tartes de nous-mêmes nous sauvera. Certaines parties de nous qui ont subi des traumatismes dans l'enfance, sont complètement figées et nous replongent encore et encore dans une paralysie inexplicable. Dans ces moments d'impuissance et de stress, si nous voulons nous intéresser à notre contenu global, nous occuperons plus d'un rayon de notre cercle et nous accéderons à la vibration du mouvement extérieur à cette blessure. Nous entrerons en contact avec la charge magnétique de notre impuissance et nous choisirons le mouvement. En devenant circulaires, nous engloberons les points immobiles et nous atteindrons le mouvement conscient. Quand nous sommes polarisés, certaines de nos parties sont mobiles et d'autres complètement figées. En permettant à toutes ces parties d'exister, nous atteindrons une nouvelle vélocité qui s'exprimera dans un mouvement circulaire. Grâce à cette nouvelle approche, nous changerons notre programme et nous attirerons de nouvelles expériences dans notre vie.

Quand on considère uniquement une partie du cercle au lieu d'associer ses gains avec ses blocages, on obtient des résultats polarisés et passagers. Au lieu de vouloir à tout prix changer les aspects incompréhensibles de soi-même, on peut les laisser être et apprivoiser leur profondeur émotive. On peut être confus tout en suivant une direction précise et en nourrissant des intentions efficaces.

Pour pouvoir faire un travail circulaire, nous devons accueillir tout ce que nous sommes. C'est vrai que pour reprendre son pouvoir, il faut suivre des étapes, mais puisque le chemin du pèlerin n'est pas linéaire, qui peut dire dans quel ordre ce cheminement aura lieu ? De plus, le but de la connaissance de soi est l'amour de soi et non la perfection. En continuant de nous accueillir et en restant bienveillants envers nous-mêmes, nous obtiendrons à coup sûr des résultats probants. Arrêtons de penser que nous devons guérir, nous perfectionner, nous forcer à faire des choses et procéder selon un code particulier. Si les principes des grandes religions ou des grandes philosophies étaient efficaces, celles-ci auraient amplement eu le temps de faire leurs preuves.

La nouvelle pensée quantique qui préconise le chaos, la multidimensionnalité et les possibilités multiples, est régie par l'intention et le choix de l'observateur. Si nous croyons que notre cheminement sera long, il le sera. Si nous croyons qu'il peut être quantique, il faut adhérer au principe de la coexistence et de l'amour de soi et de sa vie. Je vous propose de vivre la prochaine quinzaine en vous disant que vous aimez votre vie, votre guérison et l'aspect de vous-même qui traverse cette étape-ci de la guérison. Au lieu de chercher à développer notre conscience, accueillons totalement et avec confiance ce que nous vivons maintenant *même si* nous ne savons pas comment faire.

Tous les événements de notre vie sont des étapes et nous ne pouvons pas prétendre les ignorer. Choisissons de nous aimer malgré nos autocritiques néfastes. En restant totalement présents sans préférer un aspect de nous-mêmes à un autre, nous aurons une vision plus circulaire qui nous permettra de ne plus nous juger. Nous pourrons ainsi avoir accès au pouvoir de notre ombre et nous serons de plus en plus convaincus de l'efficacité de nos intentions au point zéro. Nous pourrons enfin cesser de viser notre salut pour nous concentrer sur notre présence à nous-mêmes et à notre vie. Pour pouvoir changer de fréquence et établir une nouvelle façon de vibrer, il faut adopter une nouvelle façon de penser qui se situe dans l'état d'amour, au point zéro, et englobe la lumière et la noirceur.

Si nous essayons depuis des années d'améliorer nos comportements et de guérir nos blessures, nous connaissons l'importance de faire un travail cohérent et complet. Or, la spiritualité nous éloigne parfois de nos blessures émotionnelles. Le processus émotionnel exclut l'aspect transcendant de la spiritualité et l'ordre mental. Les reprogrammations mentales font abstraction de nos résistances émotives. L'entraînement physique s'accompagne parfois d'une négation des émotions. Nous devons inclure les pointes du cercle qui n'ont rien à voir avec nos blessures. En vertu de la guérison circulaire, la blessure fait partie de la tarte au même titre que les autres pointes.

Notre identité, elle aussi, doit suivre le même parcours. La blessure représente un niveau d'évolution, pas une destination. Les gens parlent sans cesse de leurs blessures de sorte que leur identité vraie se trouve masquée. Impossible de savoir quel type de personne ils sont. Nous nous identifions à nos blessures plutôt qu'à notre véritable essence. Un ami me racontait que, lors d'un conflit avec sa conjointe, il a clairement dû affirmer que ce qu'il était ne se limitait pas à ce qu'elle voyait en lui, soit les blessures qui l'énervaient. Notre essence est circulaire, mais toutes les possibilités coexistent en elles. Nous pouvons avoir des préférences, mais toutes nos parties doivent coexister. Est-ce qu'un point de la circonférence est plus proche qu'un autre du centre du cercle ?

Le travail sur soi ne comporte pas que des difficultés. Il permet aussi de changer de fréquence et de resplendir un peu plus. Si nous restons **circulaires**, nous pourrons être fiers, garder notre flamme pour nous et la recycler dans notre cercle sans causer de déséquilibre. Quand nous vivrons une expansion – professionnelle ou autre – nous devrons nous attendre à ce que cet accroissement influe sur tout ce que nous sommes, nos parties sombres comme nos parties lumineuses. Ainsi, notre difficulté à établir des frontières pourrait s'amplifier. Nos blessures de l'enfance, nos blessures transgénérationnelles seront aussi plus marquées. C'est pour cette raison qu'il est impératif de rester au point zéro et circulaires même dans nos bons moments.

Exercice 7
INCLURE SES RÉSISTANCES

Vous pouvez utiliser cet exercice pour vous-mêmes ou comme outil thérapeutique.

Après avoir établi votre profil individuel, vous aurez le choix entre divers outils comme la prière, la méditation ou la reprogrammation de l'ADN Si vous choisissez la reprogrammation de l'ADN, vérifiez combien de protocoles vous devez installer pour remettre la situation au point zéro. (Voir L'ADN Démystifié *et* L'ADN et le Choix Quantique.*)*

1. IDENTIFIER la situation stagnante
Il existe une technique pour arriver à manifester concrètement ce que nous voulons. Il s'agit d'écrire ce que l'on veut. Par exemple, une personne qui est insomniaque lorsqu'elle couche ailleurs que chez elle, pourrait écrire les phrases ci-dessous :

Je dors paisiblement en dehors de chez moi,

MAIS je suis dérangée par les vibrations étrangères.

MAIS j'ai peur d'être dérangée dans mon sommeil.

MAIS j'ai peur de me réveiller avec un mal de dos.

MAIS j'ai peur de mal dormir et de me réveiller avec un mal de tête.

MAIS j'ai peur de souffrir d'insomnie et de me sentir isolée dans un environnement inconnu.

Et ainsi de suite jusqu'à ce qu'elle puisse écrire : *Je dors paisiblement en dehors de chez moi* sans qu'aucun MAIS ne suive.

2. REFAIRE l'exercice en incluant la formulation *tout en* pour mettre l'intention au point zéro.

Je dors paisiblement en dehors de chez moi,

MÊME SI je suis dérangée par les vibrations étrangères; ou *TOUT EN ACCUEILLANT* ma sensibilité aux vibrations étrangères.

MÊME SI j'ai peur ou *TOUT EN ACCUEILLANT* la peur d'être dérangée dans mon sommeil.

MÊME SI j'ai peur ou *TOUT EN ACCUEILLANT* la peur de me réveiller à avec un mal au dos.

MÊME SI j'ai peur ou *TOUT EN ACCUEILLANT* la peur de mal dormir et de me réveiller avec un mal de tête.

MÊME SI j'ai peur ou *TOUT EN ACCUEILLANT* la peur de souffrir d'insomnie et de me sentir isolée dans un environnement inconnu.

Chapitre 14
Mouvement circulaire dans une situation stagnante

Stagnation et mouvement

L'ascension n'est pas un état mais une expérience vibratoire. C'est un processus par lequel les cellules de notre corps se mettent à vibrer en résonance avec le taux vibratoire de notre essence. Donc, qui dit ascension, dit mouvement. La réalité n'est pas statique, elle se comporte différemment selon l'observateur. Il existe des mondes parallèles qui vibrent à des taux vibratoires différents de ceux de notre monde. Plus je comprends ces concepts et plus je réalise que tout est une question de taux vibratoire. Ceci s'applique non seulement à la matière mais aussi aux événements. Puisque la mécanique quantique a prouvé qu'il existe des réalités parallèles qui vibrent à des taux différents les uns des autres, nous pourrions choisir d'aligner nos projets sur une réalité dont le taux vibratoire est en résonance avec celui de notre essence.

Selon les principes de la mécanique quantique, chaque fait observé a d'abord fait partie d'une série de choix possibles. C'est à la suite d'un choix de l'observateur qu'une de ces possibilités s'est réalisée. Toutes les autres possibilités qui n'ont pas été choisies continuent d'exister sur d'autres univers parallèles. Une fois la décision prise, nous entrons dans un enchaînement infini de causes et d'effets. La réalité est une série de possibilités qui vibrent à des fréquences différentes. Chaque réalité potentielle agit comme une onde. Toutes les réalités coexistent et émettent des fréquences différentes. Ce sont des réalités parallèles. En changeant de ligne quantique, nous remettrons notre projet en mouvement.

L'essence recherche automatiquement un mode d'expression qui soit en résonance avec sa fréquence. En choisissant une nouvelle possibilité à partir de notre essence plutôt que de nos programmes inconscients, nous pourrons replacer la situation sur un autre réseau de probabilités. Nous pourrons célébrer le plaisir d'être en mouvement et nous serons libérés des projections d'avenir fictives qui nous limitent. Notre mouvement essentiel sera notre succès. Le temps et l'espace deviendront quantiques. Dès lors, les modalités du parcours seront moins importantes que le parcours lui-même.

Taux vibratoire d'une situation

Une situation qui n'évolue pas n'est pas nécessairement bloquée. Elle est peut-être sur la mauvaise voie quantique. En physique quantique, on considère qu'il existe une foule de possibilités pour chaque situation. On pourrait imaginer que chacune de ces possibilités s'inscrit sur une voie parallèle.

Exerçons-nous à observer notre découragement face à une situation décevante d'un point de vue vibratoire. Lorsque nos attentes sont trompées, il se peut que la cause de notre déception soit de nature vibratoire. Au lieu de blocage, il serait plus approprié de parler de stagnation ou de non-résonance des fréquences. Ceci veut dire que notre projet n'est pas sur la bonne voie quantique. Grâce au pouvoir de l'intention, nous pouvons le rediriger vers une voie en harmonie avec le taux vibratoire de notre essence afin de le remettre en mouvement. Il s'agit alors d'émettre l'intention non pas que la situation se débloque, mais qu'elle se remette en mouvement sur une ligne quantique en résonance avec notre essence. Quand nous nous trouvons sur la mauvaise voie quantique, cela crée une certaine stagnation.

Prenons l'exemple d'une stagiaire dénommée Thérèse (nom fictif). Thérèse avait une vie amoureuse inexistante depuis plusieurs années. Après avoir fait beaucoup de décodage et de reprogrammation, elle avait senti son blocage se dissoudre mais ne voyait toujours pas de résultats tangibles dans sa vie. Nous nous sommes alors demandé si la situation était stagnante ? Pendant le stage, j'ai tracé un rayon pour désigner la fréquence de Thérèse, puis j'ai dessiné un second trait sur une onde différente pour illustrer la différence entre la fréquence de l'essence de Thérèse et celle de son désir d'avoir une relation amoureuse. C'est comme si elle imaginait son futur conjoint sur une fréquence calme et verte, par exemple, et que ses intentions à elle vibraient sur une fréquence rouge. Il s'agit de deux rythmes totalement différents. Thérèse doit donc se placer au point zéro sur une autre voie en résonance avec sa fréquence. Si elle se repositionne ainsi, des portes s'ouvriront sans efforts de sa part. Autrement, chaque fois qu'elle investit de l'énergie dans son projet de nouer une relation amoureuse, il ne se passe rien en raison de la discordance des fréquences. C'est comme un coup d'épée dans l'eau. Rien ne bouge.

Il n'est pas nécessaire de changer ni de devenir parfait pour choisir une autre possibilité vibratoire latente. On peut faire coexister la stagnation avec le mouvement. On peut choisir une nouvelle voix en utilisant la puissance de la frustration causée par l'ancienne décision. Notre nouveau mouvement ne sera pas polarisé mais tiendra compte de tout ce que nous sommes.

Prenons aussi l'exemple d'un de mes clients, Jean-Marc R., qui devait partir en croisière avec ses parents, ses deux sœurs et leur mari. Ce voyage était l'idée de sa sœur cadette. Celle-ci voulait emmener ses parents en Europe avant qu'ils ne soient trop âgés. Elle leur proposait une croisière de deux semaines pendant laquelle ils visiteraient une douzaine de villes européennes. Après avoir évalué ses besoins, Jean-Marc a réalisé qu'il s'était laissé embarquer dans l'aventure de sa sœur, mais que ce voyage ne correspondait pas à ses besoins du moment. Je l'ai donc encouragé à exprimer ses sentiments à sa mère, qui l'a très bien accueilli. Elle était contente qu'il ne vienne pas parce qu'elle avait besoin de quelqu'un pour surveiller sa maison.

Du jour au lendemain, Jean-Pierre s'est donc retrouvé avec un compte en banque bien garni, puisqu'il n'avait plus besoin de payer le prix exorbitant du voyage. Il a donc décidé d'acheter un condo qu'il pourra louer afin de se constituer un fonds de retraite substantiel. En criant lapin, Jean-Pierre a trouvé le condo idéal dans un immeuble qu'il avait en vue depuis plusieurs mois. La propriétaire a été la première surprise car elle n'avait pas prévu de vendre aussi rapidement. La banque a approuvé l'hypothèque en quelques minutes et la transaction a eu lieu en un temps record.

Je venais d'assister à un fabuleux changement de ligne quantique. Au début, Jean-Pierre se trouvait sur une ligne qui vibrait à la fréquence de sa sœur. Il a identifié ses besoins, changé de ligne et, immédiatement, les portes se sont ouvertes pour lui. Il va sans dire que son manque d'enthousiasme à l'idée de partir en voyage n'avait d'égal que son excitation à la perspective d'acheter un condo.

Lorsque nous nous trouvons sur une ligne quantique qui vibre à une fréquence en harmonie avec notre essence, nous en ressentons immédiatement les bienfaits car nous bénéficions de la puissance de celle-ci. Nos gestes deviennent adéquats et nos interventions efficaces, nous distinguons mieux les enjeux de la situation et les moments de synchronicité se multiplient. Nous suivons alors un courant fluide et rapide.

Sécurité vibratoire

Une de mes clientes, appelons-la Odile, s'apprêtait à déménager mais elle sentait que son mari et elle freinaient mutuellement leurs élans. Ce dernier se préparait tranquillement et sans hâte. Dès qu'elle trouvait une maison qui lui plaisait, son mari ne l'aimait pas. Si lui avait envie d'un autre maison, elle y faisait objection. Nous avons regardé ensemble si elle pouvait commander un endroit approprié qui s'alignerait avec sa fréquence et celle de son époux. Il va sans dire que lorsqu'on émet sa propre fréquence en présence de l'autre, il est parfois difficile de sentir que l'on existe ou que l'autre puisse être gagnant.

Finalement, Odile a *émis l'intention* de trouver un endroit approprié à sa fréquence ainsi qu'à celle de sa fille et de son conjoint *tout en* éprouvant de la rancune. Une fois cette étape franchie, elle a dû définir le terme « approprié ». Ce qui est approprié pour l'un ne l'est pas nécessairement pour l'autre. Odile a donc dû exprimer ses préférences en dressant d'abord la liste de ses besoins. Elle a énuméré les éléments suivants : nature, paix, facilité et sécurité. Or, la « sécurité » était vraiment son **besoin prioritaire**. Fait intéressant, le type de sécurité datant de l'époque où son mari et elle avaient acheté leur maison actuelle, avait changé. Aujourd'hui, Odile recherche un sentiment de **sécurité vibratoire.** Au cours de nos discussions, Odile a réalisé qu'elle se sentait isolée dans son quartier, non pas sur le plan social, mais sur le plan vibratoire.

Je crois sincèrement que les communautés du futur seront basées sur une reconnaissance génétique vibratoire. Nous serons attirés par la fréquence de certaines personnes. Odile a senti que, si elle se sentait en sécurité sur le plan vibratoire, elle n'aurait pas peur du mouvement. Il lui semblait même qu'elle devait commencer à manifester ce qu'elle voulait de façon consciente. Au lieu de maintenir un projet à un niveau vibratoire tolérable de manière artificielle, elle pouvait décider dès aujourd'hui que son prochain domicile serait en lien avec sa fréquence.

Pour elle, le fait de manifester des événements en résonance avec son essence était un signe de réussite terrestre. Elle comprenait que ce type de manifestation était digne des grands maîtres spirituels. Cette sécurité vibratoire l'emplissait d'un paisible sentiment de pouvoir et d'équilibre. Elle ne craignait plus que son mari « gagne ». Il va sans dire que, dans un couple uni depuis plusieurs années qui a traversé maintes épreuves, il existe déjà une affinité vibratoire. A ce niveau, ce qui sera manifesté en harmonie avec la fréquence de l'essence de l'un et n'est pas fondé sur ses programmes inconscients, sera automatiquement confortable pour l'autre.

L'exercice qui suit pourra vous aider à remettre votre projet sur une voie quantique en résonance avec votre taux vibratoire. Il faut d'abord identifier une situation qui semble ne pas progresser, puis émettre l'intention de la placer sur le rayon vibratoire approprié. N'ayons pas peur de changer de voie. Osons remettre du mouvement dans notre vie en tenant compte de nos besoins. Rappelons-nous que ce n'est pas nous qui devons changer, mais que ce sont nos intentions qui doivent s'aligner sur la fréquence de notre essence !

Exercice 8

REPARTIR LE MOUVEMENT CIRCULAIRE DANS UNE SITUATION STAGNANTE

Vous pouvez utiliser cet exercice pour vous-mêmes ou comme outil thérapeutique.

Après avoir établi votre profil individuel en répondant aux questions ci-dessous, vous aurez le choix entre divers outils comme la prière, la méditation ou la reprogrammation de l'ADN.

Si vous choisissez la reprogrammation de l'ADN, testez les questions 1 à 12 pour voir si vous obtenez un oui ou un non. Ensuite, vérifiez combien de protocoles, vous devez installer pour mettre ces questions au point zéro. (Voir L'ADN Démystifié *et* L'ADN *et* le Choix Quantique.*)*

1. VÉRIFIER si la personne sait quoi faire pour que la situation se remette en mouvement.

2. VÉRIFIER si la personne est enthousiasmée par son projet.

3. VÉRIFIER si la personne a peur de se monter la tête ou de s'embarquer dans quelque chose de trop gros si son projet se remettait en mouvement et aboutissait.

4. VÉRIFIER si la personne peut s'engager dans ce projet.

5. VÉRIFIER si la personne peut assumer l'entière responsabilité de ce projet.

6. VÉRIFIER si la personne peut s'engager dans ce projet sur sa fréquence *même si* :

- **a.** elle a peur d'échouer;
- **b.** elle ne croit pas être à la hauteur;
- **c.** elle a des doutes;
- **d.** elle ressent une autre émotion (identifier l'émotion).

7. VÉRIFIER si la personne a la certitude absolue de combler ses besoins si son projet se concrétise.

8. VÉRIFIER si la personne comprend comment faire coexister le mouvement avec la stagnation.

9. VÉRIFIER si la personne accepte de faire coexister le mouvement avec la stagnation.
10. VÉRIFIER si la personne connaît l'origine de ses doutes. Si NON, vérifier de façon intuitive l'âge et les circonstances.
11. VÉRIFIER si la personne peut affirmer qu'elle choisit un futur béni pour la réalisation de son projet.
12. VÉRIFIER si sa peur peut coexister avec l'expansion de son projet.
13. VÉRIFIER si son projet peut s'aligner sur la fréquence de son essence.
14. VÉRIFIER si le projet assure à la personne la sécurité vibratoire.

NOS CHOIX INFLUENT SUR LA RÉALITÉ

Imaginons que la réalité est une série de traits parallèles de couleurs différentes sur un tableau noir. Chaque fois que nous passons la craie sur la ligne rouge, elle devient de plus en plus foncée. Or, cette ligne rouge est entourée d'autres lignes. Nous pourrions passer notre craie sur une ligne jaune pâle et, petit à petit, celle-ci deviendrait plus foncée. Nos choix ont à peu près ce même résultat. En refaisant à maintes reprises les mêmes choix, nous donnons de la texture, de la couleur et du relief à une ligne plutôt qu'à une autre. Les réactions ou les non-réactions sont toujours reliées à un choix vibratoire. ALIGNONS-NOUS SUR NOTRE ESSENCE !

Si notre projet est stagnant, c'est que nous sommes sur une ligne qui ne convient pas à notre intention initiale. Il s'agit alors de revenir en arrière et d'identifier nos besoins par rapport à ce projet. Nous avons peut-être choisi une voie quantique qui n'est pas en résonance avec notre essence en basant notre décision sur des facteurs extrinsèques plutôt que sur notre essence. Il est facile de déterminer si l'on est sur une mauvaise voie quantique car la tonalité est faussée, l'excitation et l'enthousiasme ont disparu. En nous replaçant sur une fréquence adéquate, nous courons le risque de connaître une réussite sans précédent. Mais il ne faut pas avoir peur car l'harmonie des taux vibratoires crée un grand confort et une profonde harmonie. La situation qui est en harmonie avec notre fréquence nous convient automatiquement.

Prenons l'exemple d'une personne qui voudrait se réorienter sur le plan professionnel. Elle refait son curriculum vitae. Elle clarifie ses intentions, contacte des employeurs potentiels et parle avec des gens qui travaillent dans son domaine. Elle passe des entrevues – fait reprogrammer son ADN, suit une thérapie, etc. Sans aucun résultat. Elle aurait lieu de se demander si elle n'est pas sur la mauvaise ligne quantique. Quand on a fait tout ce qu'il fallait et que l'on n'obtient toujours pas de résultats, il faut regarder si le taux vibratoire de la situation est aligné avec celui de notre essence.

Pour repartir le mouvement dans une situation stagnante, il faut comprendre que tout vibre et que tout ce qui nous arrive dépend de la fréquence choisie. Ayant compris cela, nous pouvons alors choisir la fréquence que nous voulons syntoniser. Cela nous permettra de nous trouver à la bonne place au bon moment et d'être en accord avec nos actions. Notre vie deviendra plus harmonieuse et nous serons de plus en plus efficaces sans être stressés. Quand je parle d'harmonie, je ne veux pas dire que nous ne connaîtrons plus de désaccords, mais qu'il existera une certaine résonance vibratoire entre nous. Il y aura du mouvement et nos projets exigeront beaucoup moins d'efforts.

Si notre vie nous paraît stagnante, nous pouvons y imprimer un nouvel élan au lieu de critiquer et d'analyser les causes de cette stagnation. Dans cette optique, nous resterons en relation avec nous-mêmes au lieu de diffuser notre énergie vers l'extérieur. Nous chercherons à élever notre taux vibratoire et à imprimer à notre vie un mouvement qui part de notre essence au lieu de gaspiller notre énergie à nous plaindre. Nous cesserons d'attendre un événement inspirant ou un changement. Nous deviendrons les précurseurs du rythme dans lequel notre essence peut s'épanouir. En maintenant une fréquence plus rapide, nous pourrons automatiquement créer du mouvement dans notre vie. Le fait de rester en contact avec notre essence élimine les pertes énergétiques. Toute notre énergie est enfin utilisée sur la bonne fréquence et n'est pas perdue comme c'est le cas quand nous tentons de nous incarner dans le monde physique sans tenir compte de notre essence. Imaginez le pouvoir qui résulte de cette prise de conscience qu'engendre le fait de décoder, dans le dédale des limitations de la dimension terrestre, le chemin du retour à la Source. Dire que ce code est basé sur la fréquence de notre essence !

Il est possible de maintenir une fréquence spécifique même si tout ne va pas comme nous voulons dans notre vie. Nous pouvons élever le taux vibratoire de notre essence en tirant profit de la charge des émotions qui nous accablent. Toutes nos énergies peuvent servir à amplifier la fréquence de notre essence. Maladie, bonheur ou détresse, toutes nos expériences peuvent servir à commander cette amplification. Servons-nous de nos émotions comme moteurs de nos commandes. *Commandons* des situations qui vibrent en harmonie avec notre essence *même si* nous ne savons pas comment faire.

En fin de compte, si vous vous demandez pourquoi réaligner un projet, s'impliquer autant dans la création de notre réalité, la réponse est simple : sommes-nous heureux là où nous sommes à faire ce que nous faisons ? Si la réponse est positive, c'est que notre situation est alignée sur notre essence. Si elle est négative, osez faire un nouveau choix en précisant le taux vibratoire sur lequel vous voulez aligner votre vie. N'ayez pas peur de commander la sécurité vibratoire. Lorsque nous nous sentons menacés, nous devons d'abord nous demander si nous avons fait nos choix en fonction de notre essence. Puis, nous pouvons utiliser notre peur comme le moteur de notre commande et demander la sécurité vibratoire. Nous pouvons commander que toutes nos décisions futures en rapport avec tous les choix possibles et probables, soient alignées sur notre taux essentiel. Ce faisant, nous éviterons les distorsions vibratoires et assureront notre sécurité sur le plan vibratoire. Nous sommes en danger lorsque nos décisions inconscientes nous placent sur les mauvaises lignes vibratoires. Si, par exemple, notre conjoint traverse une période intense et vibre à un taux distinct du nôtre, nous n'aurons pas besoin de nous défendre pour être en sécurité.

En émettant cette intention dans toutes sortes de situation, j'ai été très impressionnée par ses conséquences immédiates. Certains projets sont aussitôt tombés à l'eau tandis que ceux qui m'offraient une sécurité vibratoire ont pris un essor considérable. J'ai dû lâcher prise et accepter de vivre cette expérience comme une aventure qui me ramène vers mon essence et finalement vers l'Âme centrale qui en est la source. Rappelons-nous que tout changement au point zéro qui s'aligne sur notre fréquence essentielle conduit vers quelque chose de meilleur. N'ayons pas peur des portes qui vont se fermer car nous sommes dorénavant en mouvement à haute vélocité. Notre réalité gérée par notre fréquence essentielle et ne tolérera pas de distorsion ondulatoire.

C'est à ce point de notre évolution que nous commençons à percevoir la vérité sur l'Âme centrale qui résonne à la fréquence de l'essence en cherchant à se manifester harmonieusement dans notre vie. Nous pouvons diriger nos changements et activer notre onde vibratoire. Cette nouvelle étape nous offre la possibilité d'expérimenter la création intentionnelle. Si nous recréons notre vie à partir de notre taux vibratoire individuel, nous ne pourrons plus oublier qui nous sommes vraiment. Petit à petit, nous découvrirons notre magnificence et notre unicité.

Voici un petit exercice qui pourra vous aider à sortir de la stagnation. En général, lorsque nous avons identifié la cause principale de la stagnation, la roue fait « clic » et se remet en mouvement. Répondez d'abord par oui ou non aux questions ci-dessous. Vos réponses vous donneront une bonne idée de l'origine de la stagnation. Une fois cette origine identifiée, nous passerons au concept de la coexistence.

Exercice 9

ÉMETTRE UNE INTENTION AU POINT ZÉRO QUAND LA SITUATION EST STAGNANTE

Vous pouvez utiliser cet exercice pour vous-mêmes ou comme outil thérapeutique.

Après avoir établi votre profil individuel en répondant aux questions ci-dessous, vous aurez le choix entre divers outils comme la prière, la méditation ou la reprogrammation de l'ADN.

Si vous choisissez la reprogrammation de l'ADN, vérifiez combien de protocoles, vous devez installer pour mettre l'intention au point zéro. (Voir L'ADN Démystifié *et* L'ADN et le Choix Quantique.*)*

1. Les besoins

A. DRESSER une liste des besoins de la personne une fois son projet lancé sur sa fréquence (voir la Liste des besoins à la page 109). Avant de commencer, tester le nombre de besoins. Par exemple, il pourrait y en avoir quatre :

sécurité
liberté
équilibre
facilité

B. IDENTIFIER lequel de ses besoins est le besoin prioritaire à inclure dans l'intention.

2. L'intention

A. ÉMETTRE l'intention du rayon vibratoire approprié *en incluant* le besoin prioritaire *tout en...*
(Le rayon vibratoire approprié à notre projet est celui qui vibre en résonance avec le taux vibratoire de notre essence.)

B. DRESSER une liste de toutes les peurs de la personne concernant le projet stagnant. Vérifier leur nombre avant de commencer.

Par exemple : Si j'avais un emploi plus intéressant et plus rémunérateur :
je perdrais ma liberté;
je travaillerais tout le temps;
je n'aurais plus de moments de loisir;
je n'aurais plus de temps à consacrer à ma famille;
je ne pourrais pas m'occuper de mes propres besoins;
je ne serais pas en sécurité;
je risquerais de m'épuiser;
ma qualité de vie en souffrirait;
je perdrais mon équilibre;
autre.

C. IDENTIFIER la plus forte **résistance** de la personne en discutant avec elle des questions ci-dessus. Si, par exemple, la personne a peur de s'épuiser, lui demander de dire : « *Je commande* que ma vie professionnelle s'aligne sur le taux vibratoire de mon essence *tout en* ayant peur de m'épuiser. »

Alignement d'un projet avec l'onde de notre essence

On entend souvent dire que la souffrance est notre plus grand maître. En fait, la souffrance nous indique que nous sommes sur la mauvaise voie quantique. Se trouver sur une voie qui n'est pas en harmonie avec le taux vibratoire de notre essence est tellement inconfortable que cela nous force à changer de voie.

Si nous nous trouvons dans une situation stagnante, c'est-à-dire une situation placée sur une mauvaise voie quantique, comme nous l'avons vu au chapitre 12, c'est parce que la fréquence de notre essence est trop faible dans cette situation. Si nous ne sommes pas en résonance avec notre onde individuelle, nous n'aurons pas le réflexe de choisir une ligne quantique en harmonie avec notre fréquence.

Prenons l'exemple de Thérèse, mentionnée dans le chapitre précédent. Comme elle ne s'identifiait pas totalement au taux vibratoire de son essence, Thérèse choisissait toujours une réalité quantique qui ne correspondait pas à sa vraie nature. Depuis son enfance, elle s'identifiait à un modèle religieux de sainteté et de chasteté. Elle croyait qu'elle n'existait que pour sauver les autres. En réalité, son essence ne correspond pas à ce modèle, qui vibre sur un taux vibratoire bien précis, différent de celui des relations amoureuses. La fréquence de son essence, en dehors de l'influence de sa famille et de son milieu, n'est pas celle d'une sainte. Or, au lieu de faire vibrer la fréquence de son essence, elle faisait vibrer celle d'une sainte. Elle n'arrive donc à tisser que des relations platoniques parce que, lorsqu'elle fait vibrer son énergie et sa fréquence, elle se trouve sur la voie de la sainteté et de la chasteté, qui ne s'accorde pas avec son désir profond. Par contre, si son essence était celle d'une mystique, elle trouverait facilement son élan sur cette voie puisque les deux tonalités seraient compatibles.

Quand nous ne savons pas comment résoudre une situation devenue inappropriée ou stagnante, il faut se demander si l'on vit une transe perfectionniste. Prenons le temps de décrire en détail ce scénario parfait afin de nous imaginer à notre meilleur, tous nos besoins étant comblés.

Prenons l'exemple d'une cliente, Monique T., qui est massothérapeute. Après qu'elle ait imaginé un scénario parfait en énumérant ses différents ressentis, nous avons constaté que ce qui lui plaisait le plus dans le massage, ce n'était pas de masser comme tel, mais plutôt ses interactions avec ses clients ainsi que l'aspect vente de son travail. Quand elle se voit en femme d'affaires, Monique se sent pétillante. C'est cela qui est son vrai besoin : se sentir en mouvement et effervescente. Nous avons trop tendance à nous arrêter aux détails qui sont à l'origine de notre bien-être plutôt que d'imaginer ce que nous ressentirions dans cet état. Nous nous arrêtons à la forme plutôt qu'à l'état. Or, la forme nous maintient sur la mauvaise voie quantique tandis que l'état peut nous permettre d'accéder à toutes les possibilités latentes. Puisque Monique a **besoin** d'effervescence, elle a choisi de se sentir ainsi.

Le terrain émotionnel de nos besoins est directement lié à notre essence. En s'imaginant à la tête d'un centre de santé (la forme) dans un état d'effervescence (l'état), Monique a compris que son essence était ainsi : pétillante et effervescente. Elle a donc décidé de vivre dans son essence de façon quotidienne au lieu de la réserver à sa vie professionnelle. En faisant vibrer la fréquence de son essence, elle exprimera naturellement sa saveur personnelle, qui est effervescente. Si nous ne sommes pas en lien avec ce que nous sommes vraiment et avec notre identité **essentielle**, nous tentons continuellement d'avancer sur une voie quantique qui n'est pas la nôtre ni celle de notre essence. Notre énergie ne peut pas être efficace. **Parmi toutes les possibilités quantiques qui existent, il y a des réalités qui vibrent à la même fréquence que notre essence. C'est en choisissant ces réalités-là que nous pourrons être vraiment heureux.**

À Monique qui se demandait comment elle pouvait créer de l'effervescence dans sa vie, j'ai conseillé de jeter cette idée à la poubelle. Car si elle maintient la fréquence magnétique de son essence effervescente et la fait vibrer, elle attirera à coup sûr les circonstances qui la mèneront au succès même si le chemin qu'elle suit est sinueux. Elle n'a plus besoin de se demander comment faire. L'élément constant de son parcours ne sera plus une ligne droite, mais plutôt la fréquence de son essence, qui imprégnera toutes ses entreprises ainsi que les situations qu'elle attirera à elle.

Le plus étonnant, c'est que nous éprouvons de la crainte et de l'insécurité face à notre essence. Nous avons peur, en exprimant notre nature profonde et en devenant aussi effervescents que Monique, de tomber malades ou de manquer de quelque chose. Nous n'avons plus confiance en notre essence et nous avons peur de notre unicité. Nous sommes conditionnés moralement à croire que nous ne pouvons pas être des experts de notre vie.

De nombreuses techniques émotionnelles tentent de nous enseigner comment vivre en exprimant notre individualité. Plusieurs d'entre elles sont très intéressantes, mais je crois que l'heure est venue de laisser aller cette façon de faire. L'amplification de l'énergie causée par les changements planétaires nous force à choisir une voie plus rapide et plus puissante. Pour ma part, je choisis la voie de l'intention. Au lieu d'essayer d'être nous-mêmes, nous commanderons que la fréquence de notre essence vibre au maximum à l'intérieur de nous. Nous demanderons l'amplification de cette vibration extraordinaire qui est la nôtre. Jour après jour, nous réitérerons cette commande. Petit à petit, nous sentirons cette fréquence vibrer à l'intérieur de nous. Notre corps commencera à changer car notre biologie est parfaitement adaptée à notre vibration individuelle. Notre corps sera redynamisé par notre essence. Nous ressentirons une plus grande vitalité et prendrons conscience de la puissance de cette énergie, qui est naturelle chez chacun d'entre nous. Nous serons en pleine forme et nos vibrations seront saines. Ce retour à la fréquence de notre essence réjouira nos os et nos organes, et notre respiration deviendra plus profonde.

Notre corps entier pourra prendre des décisions en vibrant à la fréquence de notre essence. Il est clair que cette attitude nous permettra de prendre soin de nos besoins d'une manière automatique et authentique car nous serons les défenseurs naturels de notre essence.

Prenons l'exemple de Marianne qui se demandait si elle devait déménager ou non. Devant tant d'indécision, elle a décidé de commander d'abord l'amplification de son essence avec ses peurs et ses doutes. Il est évident qu'au début, nous ne pourrons pas maintenir notre fréquence d'une manière constante, mais le point zéro ne nous en demande pas tant. Il s'agit tout simplement de ne pas se décourager et d'y revenir jour après jour pour ensuite commander que notre réalité s'aligne sur notre taux vibratoire. Ensuite, Marianne a demandé que la bonne décision alignée sur sa fréquence lui apparaisse clairement. Elle aurait aussi pu demander la sécurité vibratoire tout en étant indécise. Les mêmes lois qui régissaient l'intention s'appliquent sauf que notre point de départ est la fréquence de notre essence.

Finalement, notre projet primordial à partir de cette étape est de vivre dans la fréquence de notre essence. Il s'agit d'observer comment se manifeste notre essence dans notre vie. Celle-ci deviendra le miroir de notre fréquence et nous serons surpris de constater la forme qu'elle prendra. Nous réévaluerons notre vie en fonction de notre essence. Toutes nos possessions, toutes nos actions doivent être revues en fonction de leur authenticité et de leur résonance vibratoire. C'est ainsi que nous réaliserons nos projets de plus en plus facilement en rencontrant de moins en moins d'obstacles.

Permettons-nous de commander, parmi une multitude de possibilités, celles qui nous offrent une sécurité vibratoire. Vivons avec passion et aisance, forts de la toute-puissance tranquille que nous confère notre essence. Soyons bienveillants envers nous-mêmes même si nous nous heurtons à des obstacles et ne sommes pas toujours capables de maintenir la fréquence de notre essence dans le quotidien ou au travail. Soyons satisfaits de notre cheminement même s'il nous arrive encore d'avoir besoin d'un soutien thérapeutique. La conscientisation de l'essence est un processus d'amour de soi dans lequel l'autocritique ou le perfectionnisme n'ont pas leur place. Il est normal de résister au changement et notre découragement peut coexister avec notre contentement. Notre chemin porte notre signature personnelle et nous en sommes les gardiens bienveillants. Même si nous le jugeons long et ardu, nous atteindrons certainement notre destination puisque notre destin est de revenir à nous-mêmes.

Exercice 10

ALIGNER UN PROJET SUR LA FRÉQUENCE DE SON ESSENCE

Vous pouvez utiliser cet exercice pour vous-mêmes ou comme outil thérapeutique.

Après avoir répondu aux questions ci-dessous et établi votre profil individuel, vous aurez le choix entre divers outils comme la prière, la méditation ou la reprogrammation de l'ADN pour remettre la situation au point zéro.

Si vous choisissez la reprogrammation de l'ADN, testez toutes les questions ci-dessous pour voir si vous obtenez un oui ou un non. Ensuite, vérifiez combien de protocoles, vous devez installer pour mettre ces questions au point zéro. (Voir L'ADN Démystifié *et* L'ADN et le Choix Quantique.*)*

VÉRIFIER si la personne :

1. sait comment aligner son projet sur un taux vibratoire en résonance avec son essence;
2. sait que pour, se remettre en mouvement, elle doit syntoniser la fréquence de son essence;
3. sait que, pour se remettre en mouvement, elle doit pouvoir choisir, parmi toutes les possibilités qui coexistent, une ligne quantique qui vibre en résonance avec son essence;
4. est en contact avec son essence malgré sa résistance;
5. peut faire coexister ses blessures avec son essence;
6. est identifiée à ses blessures plutôt qu'à son essence;
7. peut intervenir dans la situation stagnante en émettant les commandes suivantes :
    a. Si ce projet m'est destiné, je commande qu'il se déroule facilement.
    b. Si ce projet m'est destiné, je demande un signe.
    c. Si ce projet m'est destiné, je demande à le réaliser dans le plaisir, etc.
    d. Si ce projet m'est destiné, je demande la sécurité vibratoire.

8. peut obéir à ces signes;

9. peut se donner du temps et être bienveillante envers elle-même malgré sa résistance au changement;

10. peut demeurer vigilante sans se blâmer ni tomber dans l'hyperperformance;

11. peut dire OUI à sa résistance et OUI au projet en même temps. Par exemple : « Je commande que mon projet démarre de façon sécuritaire tout en ayant peur. »

12. sait qu'elle s'apprête à réaliser le projet primordial de sa vie, qui est de vivre en maintenant la fréquence de son essence.

PARTIE IV

PROCESSUS DE L'ASCENSION

Chapitre 15
L'Âme centrale

L'Âme centrale est le vaisseau de l'essence et l'essence est sa signature. Pour pouvoir se connaître, la Source s'est projetée sous différentes manifestations. Elle a créé des parties distinctes ayant chacune une signature particulière, ce sont les Âmes centrales. Elle a ensuite lancé celles-ci dans la création pour qu'elles puissent créer à leur tour et s'incarner dans toutes les dimensions et dans tous les univers. A travers toutes ces expériences, la même signature régit ce réseau de probabilités qui interagissent entre elles et s'entrecroisent. L'information relative à toutes les vies qui portent la même signature vibratoire est disponible simultanément en tout temps. Les lois cosmiques sont les mêmes à travers tout le cosmos. Nommons, entre autres, celle du libre arbitre. De plus, notre signature essentielle, qui jaillit de l'Âme centrale, reste la même d'une incarnation à l'autre et d'une dimension à l'autre. La Source n'a pas créé une seule Âme centrale, mais plusieurs. Chacune d'elles a reçu le cadeau du libre arbitre afin de pouvoir explorer la création sans retenue. L'Âme centrale, avec son essence originale, se manifeste à travers la création en explorant les manifestations qui sont alignées sur le taux vibratoire de son essence. Elle agit comme le siège social d'une multinationale.

Récemment, j'ai eu une révélation spirituelle. J'étais tranquillement assise dans un remonte-pente quand j'ai senti qu'une énergie arrivait directement de mon Âme centrale - située quelque part au milieu du cosmos - jusqu'à moi à travers mon hypothalamus. Non pas une petite dose d'énergie, mais plutôt un courant créateur puissant et tout à fait en harmonie avec mon essence. Je l'ai ensuite senti se diffuser dans le vide interstitiel de mon corps dont la fréquence s'est amplifiée. Cela ne créait aucun déséquilibre puisque l'Âme centrale est, en fait, la Source de notre essence et vibre exactement à la même fréquence. Cette essence part du centre pour se propager vers toutes ses manifestations et toutes ses incarnations.

C'est comme si une source de mon énergie intrinsèque était toujours disponible et vibrait à une fréquence unique qui est la mienne. Cependant, pour bien comprendre ce principe, il faut saisir celui des supercordes en physique quantique. Au niveau quantique, la matière est formée de cordelettes dont les différentes fréquences en indiquent la nature. Ce n'est plus la nature chimique d'un élément qui est déterminant, mais la fréquence vibratoire de ses cordelettes. **C'est la fréquence qui confère à la matière son individualité.**

J'ai compris que l'Âme centrale, qui est en lien direct avec la Source de la création, est un relais parfait et que j'y accède à travers mon essence !!! J'ai eu le sentiment que je venais de trouver ma place dans l'univers. Je venais d'entrevoir la supercordelette que je suis vraiment. Je possédais enfin une identité vibratoire.

Au tout début, c'est avec espoir que j'ai fait ce rapprochement avec mon essence, mais par la suite, j'ai eu une certitude. Finalement, j'ai développé une vision circulaire qui m'a permis de me reconnecter à mon Âme centrale. J'ai compris que l'essence qui m'habite est la même dans toutes mes incarnations et que cette essence est la signature de mon Âme centrale.

Ensuite, j'ai vu que les alliés (ou les guides spirituels) que j'avais identifiés étaient, en fait, d'autres rayons de mon Âme centrale. Ce qui est formidable, c'est que ces alliés possèdent la même essence que moi. Ces autres rayons viennent à mon aide et m'apportent leur soutien dans un seul but : pour que je m'identifie de plus en plus avec **notre** essence car les alliés de mon code génétique ont la même que moi – simplement, elle existe sous une autre forme.

Définition de l'Âme centrale

Lorsque nous sommes incarnés, nous avons une âme qui nous relie à notre Âme centrale ou parentale. Chacune de nos existences est une projection de l'Âme centrale dans une dimension ou un environnement espace/temps. Elle reste libre de toutes définitions temporelles et se situe au centre de toutes ces incarnations qui se déroulent simultanément sur différents rayons. Les Âmes centrales sont des fractions individualisées de la Source et communiquent avec Elle sans intermédiaire.

À l'intérieur de chaque rayon, chaque vie se déroule séparément des autres. L'information contenue dans ces multiples rayons est stockée dans l'Âme centrale. C'est comme si toutes les expériences vécues au cours de multiples incarnations étaient emmagasinées dans une mémoire centrale.

L'Âme centrale choisit le genre d'incarnations qu'elle désire expérimenter. Notre âme supervise notre vie actuelle pour s'assurer que nous remplissons bien notre objectif initial. Ensuite elle retourne de nouveau à l'Âme centrale. Elle n'a pas d'autres fonctions en tant que tel.

Pour mieux comprendre ce concept, j'ai créé le schéma ci-dessous, qui représente une sorte de soleil avec ses rayons. Le centre du soleil correspondrait à notre Âme centrale et chaque rayon représenterait une de nos existences. Cette Âme centrale est notre signature unique et elle est associée à chacune de nos incarnations. De cette Âme centrale, qui est en lien direct avec la Source, jaillissent toutes nos vies.

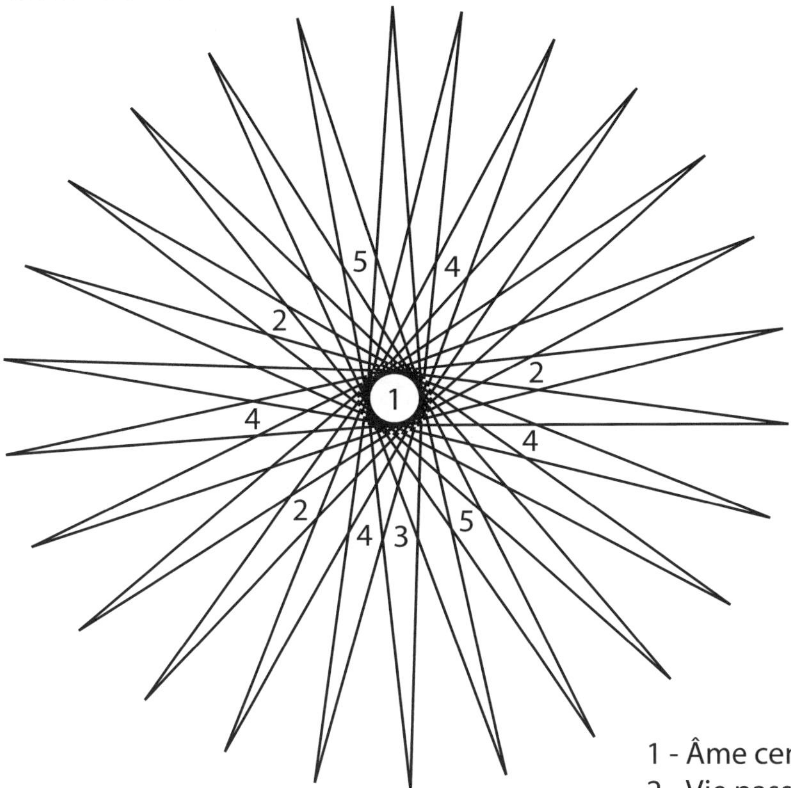

1 - Âme centrale
2 - Vie passée
3 - Vie présente
4 - Vie future
5 - Incarnation dans une autre dimension

Le rayon qui représente une vie passée immédiate ne se trouve pas nécessairement à côté de celui qui incarne notre vie actuelle. Notre vie actuelle n'est pas nécessairement celle qui précède notre prochaine vie.

Tous les rayons qui entourent la sphère centrale coexistent, comme la matière au niveau quantique. Ces rayons ne sont pas toujours parfaitement droits. Ils peuvent s'incurver légèrement et ainsi croiser le faisceau d'une autre incarnation. On dit alors que les lignes de temps s'entrecroisent. Qui plus est, si nous pouvions chausser des lunettes de la sixième dimension pour regarder ce schéma, nous apercevrions une sphère et une grille. Il va sans dire que si nous l'observions à partir d'une fenêtre de la onzième dimension, dans laquelle les cordes s'enroulent sur elles-mêmes, nous aurions encore plus de difficulté à expliquer les interactions entre les différents axes de façon linéaire et notre position actuelle par rapport à une autre vie. Même si nous les percevons comme tel, le temps et l'espace ne sont pas linéaires. Quoiqu'il en soit, le plus important, c'est le rapport entre toutes ces existences.

Imaginons que chacun des rayons représente une de nos incarnations sans égard à l'univers ou à l'époque. Ces manifestations de nous-mêmes existent dans le passé, le présent ou le futur. Ce sont des personnifications de nous-mêmes qui peuvent se trouver sur la Terre, dans d'autres mondes ou dans d'autres dimensions spirituelles. Toutes nos incarnations existent simultanément et émergent de cette source centrale. Cette vision multidimensionnelle de la matière et de nous-mêmes au sein de la création nous invite à laisser aller l'image ordonnée du présent qui succède au passé et précède l'avenir.

En nous reconnectant avec l'Âme centrale et en faisant coexister toutes nos incarnations, nous retrouverons notre lien avec la Source qui est en rapport direct avec le centre (ou l'Âme centrale).

Réseau et Âme centrale

La mécanique quantique a modifié ma façon de penser et a influencé ma manière d'élaborer des concepts. L'image du soleil que j'ai utilisée auparavant est toujours valable, mais je perçois désormais le schéma « Source – Âme centrale – âme incarnée » comme un maillage élastique ou un réseau de possibilités formé de lignes qui représentent toutes nos vies. La manifestation de l'Âme centrale m'apparaît comme un réseau de mailles dans lequel la dimension espace-temps est influencée par le choix de l'observateur. En pensant en terme de réseau, je conçois toutes les vies comme fluctuant au sein de ce réseau. Elles s'entremêlent, se rapprochent et s'éloignent. Elles sont toujours en mouvement et se croisent à certains points. Ces points de rencontre sont moins importants que l'ensemble du réseau. En effet, le réseau tout entier vibre sous la direction de l'Âme centrale et chaque Âme centrale vibre à une fréquence particulière. Cette coexistence de toutes nos incarnations et notre lien avec l'Unité originelle définissent notre place dans le cosmos. L'Âme centrale n'est plus un point précis mais un réseau vibratoire qui porte une signature bien particulière.

Chacune de nos incarnations peut exister simultanément dans ce réseau. Cela signifie que nous pouvons, aujourd'hui même, accéder à tout ce que nous avons été et à tout ce que nous serons. Il n'existe aucun jugement dans la création. Nous sommes tout ce que nous avons été et tout ce que nous serons. Cette découverte est très libératrice. Rien n'est plus inspirant que de voir une personne rayonner au point zéro en incorporant tous les aspects de son être. Au lieu de nous identifier à une seule incarnation ou d'être limités par elle, nous savons que nous sommes une véritable mosaïque d'éléments diversifiés.

Nous sommes désormais capables d'apprécier toutes ces parties. L'amour de soi, dirigé vers l'Âme centrale qui est en communication directe avec la Source, nous donne la certitude que nous faisons un avec tout ce qui existe en commençant par nous-mêmes.

Cette révélation a instauré en moi un profond sentiment de paix, d'ordre et d'harmonie. Mon cheminement métaphysique inspiré du schéma quantique m'incite à mettre fin à la dualité qui existe entre mes différentes incarnations et à les placer au point zéro. Je veux avoir accès à l'information inhérente à la totalité de ce que je suis. Je veux intégrer toutes les parties de mon être et leur permettre de coexister consciemment. Je veux me sentir connectée à mon Âme centrale et me relier à la Source en vertu du lien qui unit la Source divine et mon Âme centrale. J'entrevois que le retour à la Source tant préconisé par les maîtres spirituels soit en fait la conscience de notre coexistence avec elle.

Les alliés

À un certain moment, avant de commencer à travailler avec l'ADN, j'ai décidé que, puisque je n'entendais pas clairement mes alliés, j'allais prendre les choses en main et co-créer ce dont j'avais besoin avec la Source à l'intérieur de moi. En d'autres mots, j'ai arrêté d'attendre que des alliés viennent me sauver et me dire quoi faire pour ma santé, par exemple, ou quelle action prendre. Ce faisant, je venais de briser le cycle de la pensée magique spirituelle. Je venais de choisir, sans m'en rendre compte, de co-créer ce dont j'avais besoin et de prendre en charge mon ADN.

Après que j'aie commencé à travailler avec mon ADN, ma petite voix intérieure s'est fait entendre de plus en plus clairement, mais c'est seulement après avoir activé mes treize hélices que, oh surprise, j'ai contacté mes alliés ! Ils me sont apparus comme des alliés vibratoires liés à mes treize hélices.

Ainsi, non seulement les hélices sont-elles en correspondance avec nos chakras, mais aussi avec des alliés, des co-créateurs, des émissaires et des relais intergalactiques. Depuis ce moment, je n'ai plus besoin de prier, de chercher où sont mes alliés personnels, ma tribu ou ma place dans l'univers, ni avec qui établir un contact dans l'univers – la réponse vibre au cœur de chacune de mes cellules, dans les spirales de mon ADN.

De plus ces alliés de notre ADN vibrent à la même fréquence que notre essence. En d'autres mots, ce sont d'autres incarnations de notre Âme centrale. Il est impossible d'avoir un guide qui ne soit pas en résonance avec la fréquence de notre essence. Tout ce que nous sommes ne s'exprime pas dans une seule incarnation. Plusieurs manifestations de notre essence existent dans d'autres mondes et d'autres dimensions spirituelles. Nous pouvons accéder à l'information relative à ces autres vies à travers le réseau de l'Âme centrale. Nous pouvons nous canaliser nous-mêmes. Nous pouvons envoyer des messages à nos autres incarnations et vice versa. Nous ne formons qu'une seule et unique fréquence.

Certes nous pouvons être inspirés par des maîtres ascensionnés, des anges ou des chamans, mais aucun de ces êtres n'est plus proche de la Source que nous le sommes nous-mêmes. Ils sont régis par les mêmes lois cosmiques que nous. Ils peuvent nous communiquer un sentiment d'amour universel ou d'espoir, mais leur chemin est le même que le nôtre quoique leur essence soit différente. L'heure des alliés est enfin arrivée : ces autres nous-mêmes qui jaillissent d'une Âme centrale qui, elle, émerge de la Source de la création. Leur seul objectif est de nous ramener à nous mêmes. Il n'y a rien de plus puissant que ce retour vers son essence, surtout à partir de la Terre où nous sommes tous soumis aux lois de la dualité et limités par le temps et les autres dimensions terrestres.

Communiquer avec l'Âme centrale

J'ai une correspondante qui se sentait mal à l'aise parce qu'elle trouvait que son Âme centrale ne communiquait pas personnellement avec elle. Elle sentait que nous vivions des moments très éprouvants sur terre et qu'elle avait besoin de direction de son Âme centrale. Elle ajoutait qu'elle avait essayé de la contacter par la prière et la méditation et qu'elle demandait des réponses via les rêves ou les visions. Elle déplorait le fait qu'elle ne recevait pas de réponses et qu'elle ne se sentait pas épaulée. Je lui ai répondue que j'étais certaine que l'information qui nous venait de l'Âme centrale était vibrationnelle et que c'était une onde qui portait notre signature. Elle m'a répondue : *« Oh merci, merci de me le rappeler. J'ai la manie de m'attendre à ce que mon Âme parentale me parle avec des mots et m'explique des affaires. »*

J'étais contente de l'avoir aidée à retrouver le langage de l'Âme centrale, mais je restais perplexe. Je savais que l'essence qui origine de l'Âme centrale est une onde et que nous vibrons à la même fréquence. Cependant je ne comprenais pas pourquoi l'Âme centrale ne communiquait pas mieux avec nous et vice versa. Il a fallu un accident et de longues heures d'attente dans un couloir d'hôpital pour que j'aie enfin ma réponse.

J'ai eu une révélation à propos de l'Âme parentale en attendant à l'hôpital. J'étais en douleur et je me demandais, moi aussi, pourquoi je n'arrivais pas à recevoir de l'aide de l'Âme centrale. J'écoutais de la musique sacrée sur mon baladeur et j'attendais patiemment en priant et en méditant. Puis j'ai eu une révélation intuitive.

Je savais déjà que l'Âme centrale était liée à la Source de la création et que toutes nos vies dans toutes les dimensions en jaillissaient. Mais à ce moment dans le couloir de l'hôpital, j'ai compris que ce schéma n'était pas linéaire mais quantique. Toutes les vies sont simultanées et sont en fluctuation quantique. Tous les choix que nous n'avons pas faits continuent d'exister dans des univers parallèles. Ce n'était plus une ligne directe de la Source, à l'Âme centrale et de l'Âme centrale jusqu'à nous mais une matrice en mouvement. J'ai saisi que j'avais accès à l'information de toutes ces possibilités qui vibraient à la même fréquence que mon essence mais qu'il se pouvait que l'Âme centrale ne sache pas où j'étais !!!! Après tout qu'est-ce qu'un petit corridor d'hôpital dans toutes ces possibilités.

Il fallait considérer toutes ces vies, de façon quantique comme un réseau de probabilités qui étaient simultanées, en plus tous les choix que je n'avais pas fait dans cette vie-ci et qui continuaient d'exister dans des univers parallèles. J'ai vu ce réseau virtuel, cette matrice qui vibrait et qui existait à toutes sortes de niveaux en même temps. En voyant l'ampleur de ce réseau, j'ai réalisé que si, d'une part, nous pouvions recevoir une amplification de la fréquence de notre essence via l'Âme centrale, la communication pouvait aussi se faire dans l'autre sens.

J'ai donc contacté la signature vibrationnelle de mon essence par le biais de l'intention et j'ai envoyé cette onde vers mon Âme centrale. J'ai immédiatement reçu une vague d'énergie d'une grande puissance tranquille. J'ai ressenti une paix, mais surtout un grand plaisir de savoir que j'avais été trouvée. L'infirmière est venue nous chercher quelques minutes plus tard et nous avons enfin pu voir le médecin qui m'a libérée de mon plâtre en m'offrant la possibilité d'un nouveau plâtre qui s'enlève à volonté comme une botte de ski. Je venais d'être vue et de recevoir de l'aide du médecin et de l'infirmière mais, surtout, je savais que je venais d'en recevoir de l'Âme centrale.

Maintenant que j'ai rétabli le contact à partir de cette incarnation en troisième dimension, je sais que je viens d'installer un nouveau paradigme au niveau du réseau quantique de mon essence qui jaillit de l'Âme centrale. Je considère que lorsque nous réussissons à concrétiser un concept comme celui-ci à partir de la densité terrestre, il vient de prendre racine et se développera comme un arbre solide et bien enraciné.

En visualisant cette matrice, j'ai eu une autre conscientisation. J'ai compris pourquoi la prière marche si bien quand plusieurs personnes prient en même temps. Il y a tellement de possibilités dans un réseau quantique comme celui de l'Âme centrale, que l'attention de plusieurs personnes en un point donné concrétise une avenue en particulier, ce qui facilite une réponse dans l'au-delà. Ce point focal transcende la multidimensionnalité et le multitemporel. Il n'y a plus de bataille entre plusieurs opinions, différentes perceptions et points de vue. Il n'y a plus qu'une relation amoureuse, une force tranquille, sûre, confiante...

Depuis ce moment de contact, j'expérimente une constante au niveau de l'essence. Il y a de moins en moins de tiraillements à l'intérieur de moi et j'arrive plus facilement à habiter le centre de mon être. Je sais que je peux recevoir un rehaussement de la fréquence de mon essence par l'Âme centrale, mais je peux aussi communiquer clairement et ressentir un lien avec elle.

Exercice 11
SE RECONNECTER À L'ÂME CENTRALE

Vous pouvez utiliser cet exercice pour vous-mêmes ou comme outil thérapeutique.

Après avoir répondu aux questions ci-dessous et établi votre profil individuel, vous aurez le choix entre divers outils comme la prière, la méditation ou la reprogrammation de l'ADN pour remettre la situation au point zéro.

Si vous choisissez la reprogrammation de l'ADN, testez toutes les questions ci-dessous pour voir si vous obtenez un oui ou un non. Ensuite, vérifiez combien de protocoles, vous devez installer pour mettre ces questions au point zéro. (Voir L'ADN Démystifié *et* L'ADN et le Choix Quantique.*)*

VÉRIFIER si, lorsque la personne se reconnecte à son Âme centrale :

1. elle sait que l'Âme centrale est la Source de son essence et vibre exactement à la même fréquence unique;
2. elle sait que l'Âme centrale est la Source de son essence et qu'elle est toujours disponible malgré les émotions et les crises;
3. elle sait que son essence est issue de la Source et est diffusée dans toutes ses manifestations et incarnations à travers son Âme centrale;
4. elle sait que l'énergie arrive directement de son Âme centrale jusqu'à elle à travers son hypothalamus;
5. elle est en contact avec le courant créateur de l'Âme centrale, qui est puissant et en harmonie avec son essence;
6. elle sait que la fréquence de son essence peut être amplifiée dans son vide interstitiel;
7. elle sait que, comme les supercordes au niveau quantique, sa fréquence individuelle la différencie du reste de la création;
8. elle sait qu'elle possède sa propre identité vibratoire;
9. elle sait que l'Âme centrale est en lien direct avec la Source de la création;

10. elle sait que l'Âme centrale est un relais parfait avec la Source de la création et qu'elle peut y accéder à travers son essence;
11. elle peut sentir qu'elle a trouvé sa place dans l'univers;
12. elle peut sentir qu'elle a trouvé sa place dans l'univers sans avoir à contrôler ou influencer les autres;
13. elle sait que l'essence qui l'habite est la même dans toutes ses incarnations;
14. elle sait que ses alliés (guides) sont d'autres rayons de son Âme centrale et qu'ils possèdent la même essence qu'elle;
15. elle sait que s'identifier à son essence pour se reconnecter à l'Âme centrale et à la Source est l'un des buts fondamentaux de l'existence;
16. elle sait qu'en choisissant d'exprimer et de ressentir son essence au point zéro peu importe la situation, elle pourra s'alléger, se régénérer et sentir son corps vibrer de plus en plus;
17. elle peut effectuer cette reconnexion avec :
   a. espoir
   b. confiance
   c. certitude
   d. conviction
   e. foi en elle-même
   f. assurance
   g. tranquillité
   h. autre
18. elle sait que son essence est la signature de son Âme centrale;
19. elle sait qu'elle peut contacter son Âme centrale à partir de la terre en envoyant un message vibratoire qui porte la signature de son essence.

Chapitre 16

L'ascension consciente au point zéro

La définition de l'ascension

L'ultime destin des humains, femmes et hommes, est l'ascension. Selon la religion chrétienne, le Christ, au terme de sa mission terrestre, monte au Ciel et disparaît aux yeux de ses disciples.

La grande activation planétaire qui se produit à l'heure actuelle et qui devrait culminer en 2012, indique que nous allons, nous aussi, ascensionner lorsque nous arriverons globalement à la fin de notre mission planétaire. L'ascension est une perspective élargie de notre réalité actuelle. C'est une accélération vers une vie multidimensionnelle qui impliquera un changement dans notre biologie actuelle.

L'ascension est une modification du taux vibratoire des cellules corporelles qui se mettent à vibrer à la fréquence de l'amour de soi et de l'essence. Le corps au complet se met à vibrer, ce qui lui permet de changer de monde. Nous pourrons avoir accès aux mondes parallèles sans pour autant perdre contact avec notre monde actuel. En physique quantique, on a démontré l'existence de mondes parallèles qui existent simultanément et vibrent à différentes fréquences. L'ascension consciente nous permettra de syntoniser plusieurs fréquences et d'accéder à d'autres dimensions que les dimensions terrestres actuelles. Nous ne partirons pas d'ici en laissant tout derrière nous, mais nous aurons accès à volonté aux divers mondes qui coexistent avec le nôtre. Certains des mes étudiants ont déjà commencé à expérimenter ce phénomène. Ils se réveillent en pleine nuit et ne sont plus dans leur chambre ni dans ce monde. Il va sans dire que cette expérience leur a paru traumatisante au début. Mais il faut se rappeler que les lois qui gèrent notre monde sont les mêmes dans les autres mondes. Ici comme ailleurs, le point zéro, l'amour de soi et l'intention sont les outils privilégiés. Nous allons petit à petit passer de plus en plus de temps dans un mode ascensionné et certaines parties de nos corps vont atteindre cet état plus vite que d'autres.

L'ASCENSION CONSCIENTE

Il existe deux façons d'ascensionner. La première, l'ascension simple, est celle qu'a réalisée le Christ. La mort est suivie d'une résurrection, le corps physique disparaît et devient corps de lumière.

Nous pouvons aussi ascensionner grâce à l'essence et à l'amour de soi. Dans l'ascension consciente, le corps tout entier **vibre** à la fréquence de l'amour de soi et de l'essence. Ces deux fréquences, lorsqu'elles vibrent simultanément, produisent une troisième tonalité harmonique qui se superpose aux deux premières. Cette troisième vibration est celle de l'ascension. C'est la fréquence de cette nouvelle harmonique qui déclenche le processus d'ascension.

La deuxième façon d'ascensionner est consciente. Le corps de lumière s'ajuste au corps physique sans entraîner sa mort. Lorsque nous émettons l'intention d'ascensionner de façon consciente, notre corps commence à changer et cherche de nouvelles manières de s'harmoniser avec cette décision. Pour ascensionner, le corps doit à tout prix évoluer. Il doit, entre autre, devenir autonome au niveau énergétique. Le processus d'ascension est « graduel » et il est possible que certaines parties de notre corps aient déjà ascensionné. Certains jours, nous aurons l'air d'avoir rajeuni et d'autres jours, nous ne verrons aucune différence. En fait, plus nous nous identifierons à notre essence, plus nous nous allégerons. Notre corps portera de plus en plus la signature de notre essence. Peu à peu, nous le verrons comme le véhicule de notre essence et nous révérerons la manifestation physique de notre fréquence essentielle. En insistant pour faire vibrer cette fréquence à l'intérieur de nous grâce au pouvoir de l'intention, nous ressentirons une profonde innocence qui permettra à notre corps de changer de fréquence et de s'aligner sur celle qui nous est propre.

Plus nous en ferons l'expérience, plus nous voudrons maintenir cette fréquence et, par le fait même, nos expériences de bien-être, d'amour de soi et d'ascension se multiplieront. Nous comprendrons que la maladie provient d'une lacune vibratoire, que notre corps, avec son pourcentage élevé de vide (74 %), n'est que le réceptacle de cette vibration. Nous deviendrons le vase sacré de l'essence divine manifestée pour laquelle l'ascension est un droit inné.

L'ASCENSION ET L'ESSENCE

De nos jours, on est censé éprouver des émotions internationales et aspirer au même mode de vie d'un pays à l'autre. Si nous pouvions seulement conceptualiser l'ampleur de l'essence. Nous utiliserions notre libre arbitre dans le seul but d'en faire vibrer la fréquence. Nous serions libres de choisir consciemment notre réalité dans un univers d'abondance infinie où nous serions tous différents les uns des autres. La seule vraie faute à cette étape serait de faire consciemment un choix en désaccord avec son essence. Le seul péché consiste à censurer son essence. À mon avis, c'est cela, la faute originelle. Censurer son essence est plus grave que se censurer soi-même. Ça ne veut pas dire que notre vie ne fait pas partie des manifestations de notre essence.

Notre essence ne s'exprime pas uniquement dans cette vie, elle se manifeste dans toutes nos vies. Ce n'est pas seulement cette vie que nous censurons, c'est l'expression de la Source. Au cours du processus ascensionnel, nous conscientiserons notre essence. Sans essence, nous ne pourrions pas vivre puisqu'elle est l'énergie vitale qui nous maintient en vie. En fait, sans essence, nous ne ferions pas partie de la création. C'est aussi à travers notre essence que nous retournerons à la Source.

La Source de la création communique avec nous à travers l'Âme centrale en suivant un ordre cosmique. Cela évoque le principe fondamental de l'alchimie. Notre essence fait partie intégrante de celle du créateur. Du Tout provient l'Unité. L'Unité se nourrit du Tout et nourrit le Tout. La fréquence de notre essence est une partie de la fréquence de la Source et le Tout de la Source englobe la fréquence de notre essence. La goutte fait partie de l'océan tout en restant une goutte. Elle se nourrit de l'océan et nourrit l'océan. Selon Edgar Cayce, le Créateur nous a créés pour que nous choisissions de notre plein gré de retourner à la Source. C'est à ce moment précis que le Créateur entre en relation alchimique avec sa création. En nous identifiant à notre essence, nous nourrirons le Créateur et serons nourris par Lui dans un échange et une coexistence éternels au point zéro. Il existe une histoire d'amour extraordinaire entre l'Âme centrale et la Source. Toucher à son essence et retourner à la Source à travers l'Âme centrale est le chemin qui conduit à l'amour de soi et à la matrice inépuisable de l'Amour universel. La relation entre l'Âme centrale et la Source n'est ni religieuse ni métaphysique, elle est quantique. Pour comprendre cela, il faut savoir que tout ce qui existe fait partie d'un réseau vibratoire dont rien n'est exclu. Cette équation ne concerne pas uniquement notre côté religieux ou spirituel, car l'essence appose sa signature sur tous nos aspects, bons ou mauvais. Le concept du point zéro nous permet enfin d'accueillir notre essence.

L'ASCENSION ET L'AMOUR DE SOI

Le phénomène de l'ascension est une manifestation énergétique de la fréquence de l'amour de soi. Lorsque l'on s'aime inconditionnellement en englobant le meilleur et le pire, les cellules se mettent à vibrer plus vite en produisant plus de lumière. Pour pouvoir ascensionner, il faut être capable d'accueillir toutes les parties de soi, car cette lumière éclairera tous les aspects de notre être !!! Nous allons donc devoir accueillir tout ce que nous sommes au point zéro. Nous devrons aimer nos aspects bienveillants tout comme nos aspects plus sombres même s'ils nous déplaisent. Nous devrons rester présents et habiter l'espace du désarroi, de la colère, de la peur, de la déception et de la confusion que cette hausse de fréquence réveillera peut-être en nous. Lorsque nous ne sommes pas tolérants et satisfaits de nous-mêmes, la meilleure approche est sans nul doute la compassion. Même si nous sommes désorientés à cause de l'activation de cette fréquence, nous resterons présents à nous-mêmes avec bienveillance. Pour être vraiment authentiques, nous n'avons pas besoin d'être parfaits, mais simplement de ne pas nous juger. On peut s'aimer tout en s'autocritiquant.

Toutes les religions prêchent l'amour de soi. S'il existe un code universel, c'est bien celui-là. Or, pour ascensionner, nous devons accéder à ce code. L'intention la plus fonctionnelle est sans nul doute la suivante : « *Je choisis* de m'aimer *tout en* ne m'aimant pas ! » Cependant, l'amour de soi et la connaissance de son essence vont de pair. En effet, plus je connais mon essence, plus je m'aime. Je me reconnais dans mon essence et j'apprends à m'apprécier. En m'identifiant de plus en plus à mon essence, je découvre une nouvelle identité. Je ne suis plus la thérapeute qui est mère de quatre enfants et la conjointe de Bruno, je suis un être humain qui maintient une fréquence bien particulière dans le monde physique. Je suis l'expression de cette fréquence. Toutes les restrictions extérieures pèchent contre cette essence. En choisissant d'exprimer et de ressentir mon essence au point zéro peu importe la situation, je m'allège, je me régénère et je sens mon corps vibrer de plus en plus. C'est justement cela l'ascension, un corps qui vibre à une nouvelle fréquence et qui devient multidimensionnel au lieu d'être restreint par la dimension terrestre.

L'ASCENSION ET LA FRÉQUENCE DE NOTRE ESSENCE

En choisissant de diffuser notre essence dans notre vide interstitiel, nous amplifions de façon exponentielle notre signature personnelle. Pour en arriver là, nous devrons d'abord apprendre à maintenir notre taux vibratoire essentiel au quotidien grâce au pouvoir de l'intention.

En apprenant à maintenir la fréquence de notre essence avec une certaine constance, nous pourrons commander en même temps que notre essence vibre dans l'état d'amour. La rencontre de ces deux tonalités en forme une troisième qui est celle de l'ascension. Pour pouvoir ascensionner, le taux vibratoire de l'amour de soi doit être soutenu par la fréquence de l'essence car cela permet de modifier la densité de la matière.

Grâce à ce mouvement continu et stable, nous atteindrons un niveau de conscience semblable à celui des Maîtres dont la fréquence reste la même peu importe l'endroit où ils se trouvent. Si les moines tibétains passent leur vie à préparer leur mort, posons-nous la question suivante : si nous devions mourir aujourd'hui, à quelle fréquence voudrions-nous vibrer ? Imaginons que nous quittons notre corps dans la vibration de l'amour de soi au point zéro accordée à la fréquence de notre essence. Nous n'aurions plus à chercher le tunnel de lumière qu moment de notre mort. L'implosion dans noter essence nous mènerait vers une ascension immédiate.

La nature est un ensemble d'éléments dont chacun est doté d'une essence particulière. Notre essence est le point d'énergie de la matière qui nous appartient. Elle est constante et, parmi toutes les possibilités quantiques qui existent dans la création, c'est notre point de référence personnel. Celui-ci est directement relié à la Source à travers l'Âme centrale. Nous allons tenter ici d'amplifier cette fréquence afin de découvrir comment maintenir une vélocité vibratoire telle que notre corps changera de fréquence. C'est ici que l'Âme centrale pourra nous aider comme nous l'avons vu au chapitre précédent. Nous exécuterons ainsi un bond quantique magistral grâce au pouvoir de notre intention. Une fois remplis de notre essence fondamentale, que nous manque-t-il pour être complets ? Rien ! Rien n'est plus métaphysique ni plus spirituel que de faire vibrer son énergie vitale au maximum à l'intérieur de soi et de la faire rayonner sans pour autant entraîner les autres.

Même si nous espérons que tous seront conviés au processus de l'ascension, il faut d'abord réussir soi-même à maintenir une fréquence qui déclenchera une vague. On sait que la masse critique à atteindre pour déclencher ce processus est de deux pour cent. Pour faire partie de cette première vague, il faut que notre fréquence vibratoire s'individualise afin que chacune de nos cellules puissent vibrer à cette fréquence. Lorsque notre corps aura changé de fréquence, nous pourrons automatiquement partager cette information vibratoire avec autrui.

Pour ascensionner, il faudra donc choisir d'amplifier notre taux vibratoire essentiel en maintenant celui de l'amour de soi au point zéro de manière à atteindre la vélocité vibratoire nécessaire pour modifier la fréquence de notre corps. Lorsque le corps syntonise cette nouvelle fréquence propre à l'essence et à l'amour de soi, il peut expérimenter une forme d'ascension différente de celle du Christ qui s'est allégé avant de monter au ciel. La physique quantique a démontré que la nature de la matière est vibratoire. En commandant à notre corps de vibrer à la fréquence de l'ascension, nous l'amènerons à se régénérer à travers l'énergie de l'amour de soi et de l'essence. Ainsi, nous sentirons notre connexion avec l'Âme centrale et avec la Source. Nous serons libérés du temps et de l'espace.

L'exercice suivant vous permettra de vérifier si vous connaissez les étapes à franchir pour que ce processus devienne conscient dans votre être.

Exercice 12
L'ASCENSION

Vous pouvez utiliser cet exercice pour vous-mêmes ou comme outil thérapeutique.

Après avoir répondu aux questions ci-dessous et établi votre profil individuel, vous aurez le choix entre divers outils comme la prière, la méditation ou la reprogrammation de l'ADN pour remettre la situation au point zéro.

Si vous choisissez la reprogrammation de l'ADN, testez toutes les questions ci-dessous pour voir si vous obtenez un oui ou un non. Ensuite, vérifiez combien de protocoles, vous devez installer pour mettre ces questions au point zéro. (Voir L'ADN Démystifié *et* L'ADN et le Choix Quantique.*)*

Vous pouvez refaire cet exercice à propos d'une situation précise.

VÉRIFIER si la personne sait que, pour ascensionner :

1. son corps doit vibrer à une nouvelle fréquence;
2. son corps doit vibrer à la fréquence de l'amour de soi;
3. son corps doit vibrer à la fréquence de son essence;
4. la rencontre de la tonalité de son essence et de celle de l'amour de soi formeront une troisième tonalité vibratoire harmonique qui est la fréquence de l'ascension;
5. elle peut faire vibrer la fréquence de l'amour de soi et de son essence sans être parfaite mais en utilisant le pouvoir de l'intention au point zéro;
6. le taux vibratoire de l'amour de soi doit être soutenu par la fréquence de l'essence pour pouvoir modifier la densité de la matière;
7. elle doit concevoir que la matière est vibratoire et que sa fréquence peut varier;
8. son corps deviendra multidimensionnel tout en demeurant dans la dimension terrestre;
9. elle doit émettre l'intention de maintenir son taux vibratoire essentiel constant au quotidien;

10. elle doit choisir d'amplifier son taux vibratoire essentiel afin de découvrir comment atteindre la vélocité vibratoire qui permettra à son corps de changer de fréquence;
11. elle sait qu'elle est soutenue par son Âme centrale et par la Source dans ce processus d'ascension;
12. elle peut effectuer ce processus avec :
  a. espoir
  b. confiance
  c. certitude
  d. conviction
  e. puissance paisible
  f. foi en elle-même
  g. foi en son essence
  h. assurance
  i. tranquillité
  j. autre

L'INFLUENCE DU COSMOS

Grâce aux changements planétaires, aux variations des forces électromagnétiques et aux tempêtes solaires, nous vivons actuellement un revirement énergétique majeur. Ce **chaos** est nécessaire pour nous permettre de remodeler notre réalité. Il nous indique que nous possédons actuellement les informations, la compréhension et la confiance nécessaires pour exécuter la tâche qui nous incombe. Cette tâche consiste à réagir en fonction du nouveau paradigme, c'est-à-dire à commander et à émettre des intentions et de réapproprier notre taux vibratoire originel.

Puisque l'ascension n'est pas un état, mais un taux vibratoire, il se peut que des ajustements soient nécessaires avant que nous puissions maintenir une fréquence constante. À l'instar de notre planète, nous sommes assujettis à de multiples turbulences vibratoires. En effet, la Terre franchit à l'heure actuelle une étape de transition cruciale pour son évolution. Elle subit, elle aussi, des modifications de fréquence qui nous affectent. Le soleil éjecte en permanence des particules lumineuses, ou photons, qui peuvent avoir une influence sur l'éveil de la conscience.

Or, notre hypothalamus, tout comme notre épiphyse, est photosensible. Ces photons ont un effet direct sur le changement de conscience que nous ressentons actuellement sur la planète. Le moment de l'ascension consciente approche et nous sommes influencés par des vagues cosmiques qui déclenchent un éveil de conscience.

La revue *Discover* de novembre 2004 publiait, en page 38, un article qui démontrait que la dimension spatiale est présente sur Terre mais aussi dans notre corps. En effet, nous sommes soumis à des influences célestes sans le savoir. La Terre reçoit annuellement environ 40 000 tonnes de poussières météoriques. Au niveau subatomique, la Terre est continuellement bombardée par des rayons cosmiques formés de particules provenant entre autres des supernovas. Or, les muons des supernovas peuvent endommager les molécules de notre ADN et provoquer des cancers.

Outre ses méfaits électromagnétiques, le soleil émet des rayons ultraviolets qui sont responsables de l'augmentation des cancers de la peau. De façon moins évidente, le soleil nous affecte à travers les neutrinos de son noyau. Ces neutrinos électroniques se lient aux électrons des atomes. La nuit, ils pénètrent dans notre corps par nos pieds et ressortent par notre tête après avoir traversé la Terre en 1/25 de seconde. Le jour, ces neutrinos refont le chemin en sens inverse, de la tête aux pieds.

La modification continuelle des charges électriques affecte les champs dans lesquels nous évoluons. Des modulations de fréquence provenant en grande partie des photons nous arrivent par vagues spiralées. Lorsqu'elles touchent la Terre, elles la submergent d'un seul coup. Ces vagues de particules repartent aussi vite qu'elles sont arrivées. De plus, à chaque instant, les parties les plus infimes de notre corps sont traversées par des milliers de neutralinos (des cousins hypothétiques des neutrinos). Ces neutralinos, qui maintiennent la gravité de la galaxie, seraient plus nombreux que toutes les étoiles réunies. Les neutrinos qui entourent les galaxies sont les composantes de l'énergie sombre. Ils se mêlent aux atomes et sont très difficiles à répertorier. Nous ne leur connaissons pas de réactions adverses. Cependant, il est intéressant de réaliser que nous ne sommes pas isolés du reste du cosmos et que nous sommes touchés par différents rayons et particules à notre insu.

Dans un article sur les éruptions solaires qui se dégagent du soleil, tiré du site site http://www.astrosurf.org/lombry/sysol-soleil-ha4.htm, on rapporte que « dans les jours qui suivent une éruption chromosphérique, des particules subatomiques arrivent sur Terre véhiculées par le vent solaire et pénètrent dans la magnétosphère à hauteur des pôles en y provoquant de brillantes aurores et des black-out radio. De telles manifestations, qui ne se produisent pas avec toutes les éruptions, perturbent la magnétosphère terrestre, générant des tempêtes géomagnétiques et induisent des surcharges sur les centrales électriques pouvant conduire à la coupure de tout un réseau électrique. Les éruptions chromosphériques comptent ainsi parmi les quelques phénomènes astronomiques pouvant directement perturber l'environnement terrestre. »

Les tempêtes et les vents solaires, dont la violence et la fréquence vont en augmentant, nous atteignent en interagissant avec l'atmosphère. L'un des effets des vents solaires est d'augmenter le nombre d'électrons dans l'ionosphère, ce qui influe sur la vitesse des atomes. La relation entre les particules électromagnétiques s'en trouve modifiée et ce changement influe sur notre conscience et notre taux vibratoire. Le changement de conscience planétaire semble être gouverné par les particules solaires et cosmiques. Notre métabolisme est sensible à la lumière et aux changements électromagnétiques, et nous sommes influencés par la pleine lune et par d'autres manifestations astronomiques et astrologiques. Dans son livre intitulé Les messages cachés de l'eau, qui résume douze années de recherches, le médecin japonais Masaru Emoto a démontré que l'eau reçoit des informations et est sensible aux fréquences vibratoires. Comme notre corps se compose en grande partie d'eau, nous aussi sommes touchés par l'activation planétaire et par le changement de fréquence actuels. Nous répondons aux forces cosmiques par le processus de l'ascension.

L'HYPOTHALAMUS ET L'ASCENSION

Au cours de mes recherches sur la reprogrammation de l'ADN, je tombais souvent sur des données concernant l'hypothalamus. Il semble que cet organe soit un traducteur universel des énergies cosmiques. Cela me paraît plutôt juste puisque sa fonction biologique est directement reliée aux glandes endocrines et spécialement à l'hypophyse. Il joue un rôle important dans les sécrétions glandulaires d'une part et les fonctions perceptives cérébrales d'autre part. De pair avec le système limbique, il est associé aux fonctions sensorielles supranormales et aux émotions. Toutes les informations qui entrent dans le cerveau doivent d'abord passer par l'hypothalamus, que l'on peut imaginer comme une perle bleu située au milieu du cerveau.

L'hypothalamus produit continuellement des neuropeptides, qui sont les molécules des émotions. Ce sont des petites chaînes d'acides aminés qui varient au fil de la journée en fonction du type d'émotions ressenties. L'hypothalamus s'adapte à notre style de pensée et régule la quantité et le type de peptides libérés en fonction de la vibration particulière de chaque émotion. Si nous sommes en colère, il libérera un grand nombre de peptides liés à cette émotion et diminuera en proportion la production des autres sortes de peptides. Grâce au pouvoir de l'intention au point zéro, nous pouvons rééduquer notre hypothalamus pour qu'il puisse sécréter des peptides correspondants à la vibration de notre essence.

L'hypothalamus, tout comme l'épiphyse d'ailleurs, contient un grand nombre de cellules photoréceptrices qui lui permet de recevoir, en provenance du cosmos, des informations lumineuses qu'il transmet au système nerveux et au cerveau. C'est ce qui en fait l'organe de télépathie et de clairvoyance par excellence.

L'hypothalamus régit la thyroïde, l'hypophyse et l'épiphyse. Il réagit à nos pensés en produisant continuellement des peptides. Ces peptides libèrent à leur tour des protéines qui influent sur nos cellules. L'hypothalamus gouverne nos comportements répétitifs en transmettant des messages émotifs et neurologiques. Le système nerveux et le cerveau sont directement reliés à l'hypothalamus. Cet organe joue un rôle de premier plan sur notre état psychologique et notre système hormonal. Je vous recommande fortement de voir le film *What The Bleep Do We Know*, qui donne une image très concrète du rôle de l'hypothalamus et des peptides.

L'hypothalamus remplit une fonction de relais entre le corps physique et l'Âme centrale. Il est un acteur important dans notre processus de transmutation vers l'ascension consciente. C'est aussi le traducteur universel des forces cosmiques. Il filtre les influences universelles et décide lesquelles peuvent entrer dans notre corps. Il est un pont entre le corps et l'Âme centrale et c'est grâce à lui que peut s'amplifier la fréquence de notre essence.

Pour nous aider à prendre consciente de cette petite perle nichée au centre de notre cerveau, j'ai élaboré l'exercice suivant.

Exercice 13
L'HYPOTHALAMUS

Vous pouvez utiliser cet exercice pour vous-mêmes ou comme outil thérapeutique.

Après avoir répondu aux questions ci-dessous et établi votre profil individuel, vous aurez le choix entre divers outils comme la prière, la méditation ou la reprogrammation de l'ADN pour remettre la situation au point zéro.

Si vous choisissez la reprogrammation de l'ADN, testez toutes les questions ci-dessous pour voir si vous obtenez un oui ou un non. Ensuite, vérifiez combien de protocoles, vous devez installer pour mettre ces questions au point zéro. (Voir L'ADN Démystifié *et* L'ADN et le Choix Quantique.*)*

Vous pouvez refaire cet exercice à propos d'une situation précise.

VÉRIFIER si la personne sait que, pour se relier à son Âme centrale et à son vide interstitiel en amplifiant la fréquence de son essence :

1. elle doit passer par l'hypothalamus;
2. l'hypothalamus est un relais entre le corps physique et l'Âme centrale;
3. l'hypothalamus peut subir une transformation énergétique grâce à cette reconnexion;
4. cette transformation débutera par un changement hormonal provoqué par l'activation planétaire actuelle;
5. l'hypothalamus pourra ensuite sécréter de nouvelles composantes chimiques;
6. l'hypothalamus pourra ensuite sécréter de nouveaux peptides en résonance avec la fréquence de son essence;
7. cette transformation de l'hypothalamus aura une influence directe sur ses peptides et son système nerveux, qui devront s'adapter à cette modification biochimique;

8. cette modification biochimique :

- **a.** la transformera pour toujours
- **b.** changera sa façon de comprendre la réalité
- **c.** modifiera sa façon de vivre
- **d.** la placera sur une voie quantique en résonance avec son essence
- **e.** rendra sa vie plus facile et plus confortable
- **f.** activera son métabolisme
- **g.** autre.

Activation de l'ascension

Un jour que je me trouvais dans un télésiège et que je méditais sur l'essence et l'Âme centrale, j'ai eu une révélation très puissante. Les télésièges sont un endroit parfait pour réfléchir surtout quand la neige est blanche et le bleu du ciel si pur ! Mes pieds ne touchaient pas au sol et j'étais entre ciel et terre. Ce jour-là, j'étais totalement ouverte au soleil et au cosmos quand j'ai senti que l'énergie de mon essence arrivait directement de mon Âme centrale et redynamisait mon corps. C'était comme si un rayon d'énergie traversait mon hypothalamus pour se déverser dans mon vide interstitiel et mes organes. Ce lien transcendait le temps et l'espace et nourrissait mes cellules. J'ai compris que si je voulais me brancher sur mon Âme centrale, qui est le réservoir infini de mon essence, je pouvais le faire en passant par mon hypothalamus.

Je savais que je pouvais contacter mon hypothalamus en plaçant ma langue contre mon palais. Cette technique de yoga s'appelle *khechari mudra*. Le mot khechari se compose de deux parties, kba, le vide, la vacuité, et chars qui signifie rester, demeurer. *Le Hatha-Yoga Pradipika*, chapitre 3, versets 32-37, la décrit comme suit : « Khechari Mudra consiste à retourner la langue vers l'arrière, à la placer dans la cavité du crâne et à diriger son regard à l'intérieur, vers un point situé entre les sourcils. Une fois la langue enroulée vers l'arrière, les trois canaux que sont l'ida, le pingala et le sushumna sont maîtrisés. Voici khechari mudra, le centre de la voûte éthérée. » Dans d'autres textes du même type, on ajoute que le yogi peut recueillir le soma, un nectar divin qui suinte de l'hypophyse et constituerait un élixir d'immortalité (amrita).

À la suite de cette expérience, j'ai inventé une méditation qui tient compte de ces éléments et permet de syntoniser la fréquence de l'essence et de l'amour de soi qui forme la tonalité de l'ascension. À force de pratiquer cette méditation, j'ai compris et senti que j'étais une expression unique de la Vie dans le grand Tout. J'ai réalisé que la partie consciente de mon identité faisait partie d'un vaste réservoir d'essence situé dans l'Âme centrale mais combien facile d'accès !

Voici donc la méditation de l'ascension consciente.

MÉDITATION SUR L'ASCENSION

Cette activation se fait au moyen de la visualisation.

1. Tout d'abord, *commandez* d'être au point zéro *même si* vous ne savez pas comment faire. À l'heure actuelle, notre hypothalamus subit de grandes transformations causées par le changement de fréquence planétaire.

2. Contactez votre hypothalamus en plaçant le bout de votre langue contre votre palais. L'hypothalamus est comme une petite perle bleue qui brille au centre du cerveau. Vous pouvez sentir les sécrétions de l'hypothalamus comme un nectar.

3. Imaginez que, à partir de l'hypothalamus, s'ouvre un corridor qui vous relie à votre Âme centrale.

4. Prenez le temps d'indiquer à l'Âme centrale où vous vous situez dans l'univers. Imaginez que vous envoyez un signal clair qui porte la signature de votre essence.

5. Imaginez que votre Âme centrale est reliée à la Source par un autre corridor d'énergie en mouvement.

6. Contactez votre vide interstitiel.

7. Inspirez et visualisez votre essence qui part de la Source, se dirige vers l'Âme centrale et entre en vous à travers votre hypothalamus et votre système nerveux.

8. Laissez votre essence s'amplifier et vibrer à l'intérieur de votre vide interstitiel.

9. Laissez monter un grand sentiment d'amour à l'égard de cette essence qui porte votre signature personnelle.

10. Ressentez une profonde bienveillance à l'égard de vous-même.

11. *Choisissez* de vous aimer totalement *même si* vous ne savez pas comment faire.

12. Inspirez et faites vibrer la fréquence de votre essence en même temps que celle de l'amour de soi.

13. Commandez qu'une troisième tonalité harmonique se superpose sur ces deux fréquences et se mette à vibrer.

14. Commandez l'amplification complète de cette nouvelle vibration, qui est celle de l'ascension, dans votre vide interstitiel et surtout votre cœur et le centre de votre être..

15. Respirez et faites circuler cette énergie dans tout votre corps, surtout dans votre cœur et au centre de votre Être. Laissez-la ensuite se diffuser dans votre entourage, votre famille, vos amis, votre ville, votre province, votre pays et la Terre.

16. Finalement, détendez-vous en sachant que vous êtes soutenu dans votre processus d'ascension par votre Âme centrale et par la Source de la création .

Conclusion

Si nous touchons au bonheur en syntonisant la fréquence de notre essence, nous ferons l'expérience kinesthésique de la vibration du bonheur. Nous saurons que tout est vibration et que les émotions comme le bonheur et la douleur sont vibratoires. Nous sentirons que l'amour de soi et l'autocritique ont chacune leur fréquence propre. Désormais, au lieu de choisir l'état d'amour au point zéro, nous choisirons de syntoniser la fréquence de l'amour de soi au point zéro.

Il faut s'attendre à ce que, contrairement à nos expériences passées où nous atteignions un plafond pour ce qui est du niveau de conscience, notre expérience de l'essence et de l'ascension sera continue. Elle sera de plus en plus extraordinaire car elle nous ramènera toujours davantage vers nous-mêmes. En faisant vibrer notre essence dans notre corps, nous ressentirons un bien-être de plus en plus grand. Nous serons régénérés par la fréquence de notre essence, qui est tout à fait compatible avec nous. Certes, le processus ne se déroule pas en ligne droite, mais je suis certaine qu'il nous conduira vers de multiples réjouissances. C'est en commandant l'amplification de notre essence malgré notre peur de ne pas y arriver et notre impuissance que nous goûterons enfin au prodigieux pouvoir de notre fréquence unique. Nous allons demander que la fréquence de notre essence vibre au quotidien et pour l'éternité en utilisant notre crainte de devoir recommencer à zéro parce que rien ne semble durer.

Les temps ont changé, nous vivons dans une ère d'accélération. Cette amplification nous ouvre des portes qui nous permettent d'accéder à l'essence. En utilisant comme moteur la charge magnétique de notre séparation d'avec l'Âme centrale et la Source, nous pouvons nous aligner sur cette expansion et choisir, au point zéro, le bonheur, le respect de notre nature essentielle et de celle des autres, la régénération de notre environnement et notre entente harmonique avec le reste de la création. Nous pouvons choisir d'utiliser le pouvoir magnétique de l'ascension consciente pour revenir à nous-mêmes et jeter des ponts vibratoires qui favoriseront ce retour mémorable dans le réseau des possibilités quantiques. Ce fameux retour, dont l'heure a enfin sonné et qui existe dans des futurs probables depuis le début de la création, dépend d'un choix de fréquence. Nous pouvons faire ce choix facilement grâce à l'intention magnétique au point zéro. Récupérons toute la charge de la souffrance causée par cette séparation pour commander ce retour à notre essence et vibrer à la même fréquence que la Source. Le temps de la séparation est révolu, nous voilà à l'heure des retrouvailles vibratoires.

Contrairement au modèle spirituel classique qui représente les humains au bas de l'échelle ou au bas de l'arbre de Vie, je conclurai cet ouvrage sur l'essence autrement. Je crois que nous sommes venus ici pour maîtriser les lois de la densité afin de transmettre l'information aux autres dimensions. Certes, ces niveaux angéliques et éthériques semblent bienheureux et bien légers comparés à notre dimension terrestre lourde et jonchée d'événements contradictoires. Mais n'oublions pas qu'à ces niveaux, le problème est justement relié à l'éther. Nous sommes les seuls qui vivons dans un monde dense de sorte que nous sommes devenus des experts de la densité. Nous seuls pouvons émettre une intention ancrée dans la dualité. En choisissant l'ascension consciente par le biais de l'essence et de l'amour de soi au point zéro, nous avons ouvert une nouvelle avenue, qui existait déjà parmi les possibilités quantiques mais qui n'avait jamais été matérialisée dans la troisième dimension.

N'oublions pas que nous sommes des experts de la dimension terrestre. Nous sommes des êtres essentiels, qui connaissons fort bien la dualité et la longueur d'onde à laquelle vibre la matière, et nous devons respecter ses besoins. Grâce à l'ascension, nous retournerons sur des longueurs d'onde multidimensionnelles pour y enseigner les codes de la dualité et de la manifestation propres à la troisième dimension. Dans ce but, nous devrons faire coexister notre humanité avec notre divinité afin de transmettre les lois de la compassion et du point zéro.

Pour conclure, voici le commentaire que m'a envoyé Jacinthe B. quelques jours après avoir suivi le stage basé sur le contenu du présent livre : *« J'ai fait de nombreux stages de toutes sortes depuis dix ans, mais c'est la première fois, que j'ai senti que tous les éléments s'intégraient... Je ne me reconnais plus, je me sens calme, je ne vis plus sur un volcan prêt à faire éruption. Cet état résulte, à mon avis, de la combinaison de l'amour de soi, des frontières saines, de la reconnaissance de mes besoins et surtout du fait que je vibre dans mon ESSENCE. C'est un état tout simplement génial !*

Et, comme le dit la chanson, tout n'est pas fini, l'aventure ne fait que commencer, l'aventure qui consiste à vivre dans l'amour de soi et la vibration maximale de son ESSENCE afin de produire d'une manière durable et répétée la 3e tonalité, qui est celle de l'ASCENSION. »

BIOGRAPHIE

Naturopathe professionnelle de formation, Kishori Aird est une intuitive médicale. Tous les intuitifs médicaux ont leur méthode particulière pour la lecture des symptômes et pour rétablir le courant vital après avoir identifié les blocages. Madame Aird n'est pas différente dans ce domaine, elle utilise entre autres la kinésiologie de reprogrammation.

Le chemin de l'intuition médicale est beaucoup plus fréquenté de nos jours qu'il ne l'était il y a dix ans. Madame Aird a un long parcours spirituel et alternatif derrière elle. Elle a vécu dans un ashram à l'âge de 18 ans. À 20 ans, elle faisait son cours d'infirmière en espérant devenir sage-femme. À 25 ans, après avoir été de nouveau résidente dans un ashram pendant deux ans, elle a fondé une famille et s'est installée à Ottawa où elle a travaillé à L'Arche de Jean Vanier (organisation internationale qui œuvre auprès de personnes déficientes intellectuelles). C'est en 1986 qu'elle est revenue à Montréal et qu'elle a commencé de nouvelles formations de guérison avec les cristaux et l'hypnothérapie. Depuis la Convergence Harmonique de 1987, elle a complété une formation thérapeutique axée sur la naturopathie et les thérapies émotionnelles. Elle possède une formation en tantra et elle est maître Reiki.

En 1990, elle a été initiée à la kinésiologie de reprogrammation sur la Côte Ouest américaine et eut la chance de travailler dans un cabinet de chiropratie et de naturopathie très réputé. C'est en 1993, après cette période de formation sur le terrain en naturopathie et en kinésiologie qu'elle ouvre son cabinet de consultation et qu'elle commence à travailler comme intuitive médicale.

À partir de l'été 1997, elle entreprend des recherches sur l'ADN et sur les moyens par lesquels le reprogrammer et se le réapproprier. Elle élabora ensuite des techniques de reprogrammation qu'elle enseigne aujourd'hui.

FORMATIONS

Madame Kishori Aird offre des formations en anglais et en français sur les protocoles de reprogrammation de *L'ADN Démystifié* et de *L'ADN et le Choix Quantique*. Elle anime également un stage de 4 jours sur le contenu du livre *Essence*. Dans ces formations, elle explique les protocoles présentés dans les livres, en plus d'enseigner comment faire de nouveaux liens et comment reprogrammer via l'intuition médicale.

Pour vous assurer que vous êtes bien informé, veuillez noter qu'il n'y a pas d'enseignant présentement autorisé par l'Institut Kishori Inc. à enseigner le contenu de ses livres. Pour vous protéger de toute fraude, consultez-nous avant de suivre une formation sur la reprogrammation de l'ADN ou sur le livre *Essence*. Seul l'Institut Kishori Inc. dispense des formations.

Pour plus de renseignements sur les formations :

Casier postal 252
Magog (Québec)
JIX 3W8
Téléphone : (819) 868-1284
Site Internet : www.kishori.org
Courriel : kishori@kishori.org

BIBLIOGRAPHIE

Berman, Bob. "The Cosmos Up Close. Outer space is not just out there—it is also on your windowsill and inside your body". *DISCOVER*, vol. 25 No. 11, November 2004, http://www.discover.com/issues/nov-04/departments/sky-lights/

Emoto, Masaru. *Les messages cachés de l'eau*, Éd. et coll. Guy Trédaniel, France, 2004, 159 p.
Emoto, Masaru. *The Hidden Messages in Water*, Beyonds Words, Japon, 2001.

L'énergie sombre
L'énergie noire, énergie répulsive permettant d'expliquer l'accélération de l'expansion de l'univers : http://www.futura-sciences.com/news-constance-energie-noire_3934.php

Les éruptions chromosphériques
http://www.astrosurf.org/lombry/sysol-soleil-ha4.htm

Les neutralinos
Astrophysique
Des neutralinos dans la matière sombre
http://www.iforum.umontreal.ca/ForumExpress/Archives/vol2no3fr/article08.html

Les neutrinos
Annonce des premiers résultats scientifiques de l'Observatoire de neutrinos de Sudbury : http://laurentian.ca/physics/SNO/june18.html

Science et Vie
« Le vide est plein d'énergie », juin 2003, nº 1029
« Sur la piste du code secret de l'ADN », décembre 2004, nº 1047
« Dépasser Einstein », avril 2005, nº 1051
« Les câlins on un effet…génétique ! », avril 2005, nº 1051

L'ADN DÉMYSTIFIÉ

Dans un livre intitulé *L'ADN Démystifié*, Kishori Aird dévoile des informations inédites sur l'ADN et la façon dont on peut le programmer. Il s'agit plus spécifiquement d'installer de nouveaux programmes ou codes à des endroits ou adresses directement dans les gènes. L'auteure a développé dans cet ouvrage des listes d'instructions qu'elle a appelées protocoles de reprogrammation.

Selon Kishori Aird, fonctionner à partir de treize hélices plutôt que deux permet de transcender une vision dualiste de la réalité et de vivre au point zéro - entre l'ombre et la lumière - dans une perspective circulaire qui apporte avec elle la compassion, la compréhension, l'abondance, l'humilité et l'amour de soi.

L'ADN ET LE CHOIX QUANTIQUE

Avec *L'ADN et le Choix Quantique*, Kishori Aird nous invite à entrer dans le monde de l'infiniment petit et à adopter un mode de pensée qui envisage la coexistence de multiples possibilités. Elle explique en termes simples et précis des concepts tels que la vision quantique, la théorie des cordes, la théorie des multiples univers, l'effet tunnel et le temps non linéaire. Elle nous permet ainsi d'entrevoir que, non seulement le microcosme n'est pas statique, mais au contraire, qu'il se comporte différemment selon l'observateur. Nous apprenons qu'il existe des mondes parallèles qui vibrent à des taux vibratoires différents de ceux de notre monde.

Kishori Aird nous propose de travailler avec les protocoles de ce livre et avec ceux de *L'ADN Démystifié* afin de pouvoir opérer des choix nouveaux et enrichissants et prendre des décisions plus judicieuses. Nous bénéficions désormais du soutien de la science et de la métaphysique. Il n'y a aucune raison de ne pas nous servir de nos nouveaux outils puisque notre ADN est flexible et reprogrammable. En appliquant les nouvelles découvertes scientifiques à la biologie humaine et au code génétique, nous donnons un sens à la vie et à la matière.

MARQUIS
MEMBRE DU GROUPE SCABRINI
Québec, Canada
2005